25. April 2005

Religion für Einsteiger

Für
Claudia,
die trotz aller Lebensskeptik
für sich allein
und mit den Ihren
immer wieder einmal
„über Gott und die Welt"
nachdachte.
Wie ihre Eltern,
Mum & Dad.

chrismonbuch

Gott schütze Dich auf Deinem weiteren Lebensweg, der heute vor vierzig Jahren begann und so glücklich verlaufen ist.

EDUARD KOPP, REINHARD MAWICK,
AXEL REIMANN, BURKHARD WEITZ

Religion für Einsteiger

chrismonbuch

Bibliografische Information der Deutschen Bibliothek
Die Deutsche Bibliothek verzeichnet diese Publikation in der Deutschen Nationalbibliografie; detaillierte bibliografische Daten sind im Internet über http://dnb.ddb.de abrufbar.

Umschlaggestaltung und Satz:
Josef Wegener, Hansisches Druck- und Verlagshaus GmbH
Umschlagfoto:
Hartmut E. Rätsch, Hansisches Druck- und Verlagshaus GmbH
Druck und Bindung: Clausen & Bosse, Leck

Gedruckt auf chlorfrei gebleichtem und säurefreiem, alterungsbeständigem Papier.
Die vor Verschmutzung schützende Einschweißfolie aus umweltschonender PE-Folie ist recyclingfähig.

Printed in Germany
ISBN 3 – 9807849 – 3 – 2

Fotos: AKG: Seite 8; Das Fotoarchiv: Seite 52; El-Jarad: Seite 28, 32, 64, 76; Getty images: Seite 96; image bank: Seite 36; Thies Ibold: Seite 24, 56, 72; Tim Kubach: Seite 12, 20, 132; Mauritius: Seite 108, 128; Isolde Ohlbaum: Seite 124; Hartmut E. Rätsch: Seite 16, 40, 44, 48, 60, 68, 80, 84, 88, 92, 100, 104, 112, 116, 120

Inhalt

IN DER GEMEINDE

LEBENSKUNST UND ESOTERIK

Vorwort

Es gibt viele Menschen, die sagen: Mit Religion haben wir nichts am Hut. Andere empfinden noch religiöse Gefühle, bringen sie jedoch nicht mit Kirche und Glauben in Verbindung. Gerade viele jüngere Männer und Frauen spüren, dass es Fragen gibt, auf die man nicht ausschließlich mit Erkenntnissen exakter Wissenschaft antworten kann. Ausgehend von den großen existentiellen Themen – warum leben wir, woher kommen wir, endet alles mit dem Tod? – suchen sie das Gespräch. Dabei stellen sie fest: Wir wissen zu wenig über die Geschichte des Christentums, über Traditionen und Bräuche.

Daher hat chrismon – das evangelische Magazin in seiner Reihe „Religion für Einsteiger" solche Fragen aufgespürt und zu beantworten versucht. Schon nach den ersten Ausgaben haben Leserinnen und Leser die Redaktion als Adresse für eigene Anfragen zu Glauben, Theologie und Kirchengeschichte gewählt und so das Programm dieser Reihe mitbestimmt. Die Anregungen und Hinweise, die Wünsche und Bitten um Antwort sind so vielfältig und bunt wie das religiöse Leben selbst: Gibt es Wunder? Ist Treue eine Christenpflicht? Müssen Pastorinnen und Pfarrer vorbildlich leben? Hilft beten?

Die antwortenden Redakteure folgen einer Maxime: Sie versuchen knapp, konzentriert und verständlich einen Überblick zu geben, auf zusätzliche Quellen aufmerksam zu machen und dabei auch kontroverse Positionen zwischen den Kirchen und den Theologen unterschiedlicher Schulen darzulegen. Die zahlreichen positiven Rückmeldungen aus der Leserschaft, unter anderem auch von Religionslehrern, die chrismon-Texte im Unterricht verwenden, ermutigten uns, „Religion für Einsteiger" nun auch als Buch vorzulegen. Ein unterhaltsames, zum Gespräch anregendes Buch für Leute mit religiöser Neugier. Als Geschenk so gut geeignet wie zum Eigengebrauch.

ARND BRUMMER, *Chefredakteur chrismon*

Kann ein gebildeter Mensch der Bibel und ihrer Schöpfungsgeschichte trauen? Ja, denn Naturwissenschaften und Schöpfungsglaube widersprechen sich nicht, sie ergänzen sich

Schöpfung und Evolution – ein Widerspruch?

Ein Totenkopf, in Glyzerin eingelegte Schlangen, ein Modell der Arche Noah mit Maßangaben: 137 Meter lang, 23 Meter breit, 13 Meter hoch. Diese Ausstellungsstücke im Museum für Schöpfung und Weltgeschichte, San Diego/USA, sollen beweisen, dass alles so geschehen sei, wie es die Bibel beschreibt. Von den sechs Tagen Schöpfung bis zur Sintflut. Neben der Arche hängen Bilder von Giraffen, Straußenvögeln und zwei Stegosauriern. „Wir informieren die Welt, wie das Leben wirklich entstand", behauptet Museumsgründer Henry Morris.

Leute wie Morris leiden unter der Evolutionstheorie. Sie mögen sich nicht vorstellen, dass ihre Vorfahren einst auf Bäumen hockten, behaart und mit grauer Visage. Gewiss, die Geschichte der neuzeitlichen Naturwissenschaft liest sich wie eine Folge von Kränkungen der menschlichen Eitelkeit. Dass die Erde nicht Mittelpunkt des Alls sei, sondern irgendwo im Nichts schwebe, schockierte die Menschheit im 17. Jahrhundert. Kaum war die Lektion verdaut, hieß es, der Mensch stamme vom Affen ab. Ausgerechnet vom Affen!

Atheistisch und gottfeindlich sei die Evolutionstheorie, behaupten die Kreationisten, die fundamentalistischen Anhänger der Schöpfungslehre. Sie übersehen dabei, dass sich Schöpfungslehre und Evolutionstheorie keineswegs widersprechen, sondern ergänzen.

Naturwissenschaftler haben unsere mythische Sicht der Dinge entzaubert. Sie haben entdeckt, dass sich im Laufe von Jahrmilliarden aus Einzellern die Vielfalt der Arten entwickelt hat, durch Anpassung an unterschiedliche Lebensräume. Trotzdem geht für uns weiterhin jeden Morgen die Sonne auf – auch wenn sie sich nicht um die Erde dreht. Trotzdem treiben uns die großen Themen der Religionen um: Geburt und Sterben, Liebe und Hass, Schuld und Vergebung. Allen Erkenntnissen über Dinosaurier und Neandertaler zum Trotz.

Selbst wenn die Evolutionstheorie fehlerhaft sein sollte, wie die Kreationisten behaupten, gibt es keinen Grund, zur biblischen Erklärung zurückzukehren. Die Bibel vertritt nämlich keine einheitliche Lehre zur Weltentstehung. Im ersten Buch Mose stehen sogar gegensätzliche Schöpfungsberichte nebeneinander. Im ersten Bericht (1. Mose 1–2, 4) schafft Gott erst Pflanzen und Tiere und zuletzt die Menschheit (hebräisch: adam). Im zweiten (1. Mose 2, 5–25) schafft Gott erst einen Mann mit Namen Adam, dann Tiere und zuletzt eine Frau, Eva.

Beide Schöpfungsberichte referieren den Wissenshorizont ihrer Zeit. Das zeigt ein genauer Blick auf den ersten Bericht. Ganz wie im babylonischen Schöpfungsepos Enuma Elisch wird hier zuerst das Licht erschaffen, dann Himmelswölbung, Meer, Land, Pflanzen, Gestirne, Wasser- und Flugtiere, Landtiere, zuletzt die Menschheit. Die Autoren folgten den Theorien der Babylonier. Zu ihrer Zeit war Babylon eben die führende Wissenschaftsmacht. Wenn Theologen heute über die Schöpfung schreiben, folgen auch sie den Lehren unserer Zeit, also der Evolutionstheorie. So lehrte bereits der Jesuit und Paläontologe Teilhard de Chardin (1881–1955), dass sich in der Evolution das schöpferische Wirken Gottes zeige.

Die biblischen Autoren übernahmen die Theorien der babylonischen Gelehrten. Doch sobald es um religiöse Fragen ging, hatten sie ihren eigenen Kopf. Laut Enuma Elisch entstand mit der Welt auch der babylonische Festkalender. Die Bibel kontert, Gott schuf die Gestirne zur Bestimmung aller Feste (1. Mose 1, 14), auch der jüdischen. Auch in der Moderne gibt es weltanschaulich zweifelhafte Schlussfolgerungen aus wissenschaftlichen Erkenntnissen. Vertreter der Rassenlehre im 19. Jahrhundert behaupteten, dem Stärkeren stehe im Überlebenskampf zu, Schwächere an den Rand zu drängen. Dem widersprach unter anderen Teilhard de Chardin: Zur Evolution gehöre auch die Entwicklung der Humanität.

Naturwissenschaftler analysieren Wirkweisen, Religionen suchen nach Sinn und Zweck des Lebens. Bereits der antike Philosoph Aristoteles unterschied zwischen Wirk- und Zweckursache. Wenn ein kinderloses Paar fragt: „Warum können wir keine Kinder bekommen?", forscht ein Mediziner nach der Wirkursache. Er stellt eine Diagnose, um den Eltern zu helfen. Bleibt das Paar trotzdem kinderlos, bekommt die Warum-Frage eine neue Richtung. „Welchen Sinn hat es, dass wir keine Kinder bekommen?" Fragen nach Zweckursachen sind oft Lebensfragen, religiöse Fragen.

Die jüdisch-christliche Tradition befasst sich mit Lebensfragen. Sie überliefert Antworten früherer Generationen. Deren Schöpfungsgeschichten sagen, die Welt sei aus der Liebe Gottes hervorgegangen. Alles, was geschieht, habe eine hintergründige Bedeutung, also einen Sinn. Die Fragen von Glaube und Naturwissenschaft sind so unterschiedlich, dass sich ihre Antworten nicht wirklich widersprechen können. BURKHARD WEITZ

Das Sterben erscheint uns als Übergang in eine andere Welt. Aber: Das Jenseits beginnt im Diesseits. Was genau uns nach dem Tod erwartet und ob es eine überzeitliche Gerechtigkeit gibt – diese Fragen beschäftigen die Menschen seit Jahrtausenden

Kommen wir alle in den Himmel?

„Wir kommen alle, alle, alle in den Himmel, weil wir so brav sind. Das sieht selbst der Petrus ein. Er sagt: ‚Ich lass gern euch rein. Ihr wart auf Erden schon die reinsten Engelein.'" So reimte der Schlagerdichter Kurt Feltz. Sein Lied eignet sich besonders für feucht-fröhliche Anlässe.

Über Jenseitsvorstellungen redet man heute nicht mehr mit dem bitteren Ernst, den frühere Generationen darauf verwandten. Die Hölle hat viel von ihrem Grauen verloren, aber zugleich die Aussicht auf einen Platz im Himmel viel von ihrem Reiz. Der moderne Mensch lebt diesseitig. Er will sein Leben genießen. Ernsthafte Gedanken über den Tod machen sich allenfalls die wenigen, die ihn aus nächster Nähe erleben. Und selbst die wünschen sich meist, der Tod möge sie schnell und unerwartet treffen. Ein schneller Tod erspart nicht zuletzt alles Grübeln über das Danach.

Niemand weiß mit Bestimmtheit zu sagen, was uns nach dem Tod erwartet. Gleichwohl sind Jenseitsvorstellungen nicht das Produkt bloßer Spekulation. Sie geben auch Antworten auf Fragen, die einen im Diesseits bedrängen: Gibt es Gerechtigkeit? Wie weit reicht Gottes Vergebungsbereitschaft? Können selbst Gewaltverbrecher bei Gott Gnade finden? Überdies können Jenseitsvorstellungen Sterbende aufrichten und ihnen helfen, dem Schrecken des Todes standzuhalten, und Trauernden Mut geben.

Dass ein Mensch nach seinem irdischen Tod in irgendeiner Weise fortbesteht, glaubten die Menschen nicht zu allen Zeiten. So verkündet Psalm 104, 29 völlig illusionslos: Der Mensch zerfällt zu Staub, wenn Gott ihm den lebensspendenden Atem entzieht. Nach Psalm 116, 3 führen die Toten immerhin ein Schattendasein im unterirdischen Totenreich. Damit war kein Paradies gemeint, sondern ein Ort des Schreckens. Erst im dritten vorchristlichen Jahrhundert begannen die Menschen der Bibel, auf ein besseres Jenseits zu hoffen. So schreibt der Autor des biblischen Buches Daniel (12, 3): „Die Verständigen werden leuchten wie der Glanz des Himmels. Und die, welche den Weg zur Gerechtigkeit gewiesen haben, leuchten wie die Sterne immer und ewig."

Gewissensqualen können einem Menschen das Sterben zur Hölle machen. Umgekehrt vermögen Menschen, die mit allem abgeschlossen haben, sehr friedlich vom Leben Abschied zu nehmen. Vielleicht waren es solche Erfahrungen, die den Glauben an einen Himmel und eine Hölle beflügelten. Zu Jesu Lebzeiten glaubten die Menschen jedenfalls an eine ausgleichende Gerechtigkeit auch nach dem Tod. An diesen Glauben knüpft Jesus mit seinem Gleichnis vom reichen Mann und dem armen Lazarus an (Lukas 16, 19–31). Im Gleichnis fährt der egoistische Reiche in die Unterwelt und erleidet Qualen. Unterdessen tragen Engel den armen Lazarus in Abrahams Schoß. Dem Gleichnis zufolge kommen also keineswegs alle Menschen in den Himmel.

Viele Menschen versuchen noch in den letzten Stunden ihres Lebens, offene Rechnungen zu begleichen. Ihnen fällt es schwer zu akzeptieren, dass sie nicht alles in ihrem Sinne regeln und abschließen können. Wer nie gelernt hat, Reue zu zeigen, wer sich nicht eingestehen kann, dass er auf Vergebung angewiesen ist, für den bleibt auch jene Lehre Jesu unklar, nach der Gott allen Bußfertigen ihre Schuld vergibt.

Jesu Botschaft von der überwältigenden Güte Gottes beflügelte im Christentum eine neue Vorstellung vom Jenseits: den Glauben an die Allversöhnung. Der Theologe Origenes lehrte im dritten

Jahrhundert: Am Ende aller Zeiten werde Gott selbst den Teufel mit sich versöhnen. Dieser Glaube an die Allversöhnung ist tröstlich, doch er wurde nie christliches Gemeingut. Das Urteil des Jüngsten Gerichtes liege allein in Gottes Hand, entschieden die Theologen. Kein Mensch dürfe sich das letzte Urteil über das Leben anderer Menschen anmaßen. Bis zum letzten Atemzug nehmen Menschen in Gedanken, Hoffnungen und Gefühlen ihre nächsten Schritte vorweg. So erscheint uns selbst das Sterben als Übergang in einen anderen, ungewissen Zustand.

Wie kaum ein anderer verstand sich der Theologe Martin Luther (1483–1546) darauf, Menschen auf ihrer letzten Reise zu trösten. Im Sermon von der Bereitung zum Sterben schreibt er: „Der Weg des Sterbens ist wohl sehr eng, er ist aber nicht lang. Es geht hier zu, wie wenn ein Kind aus der kleinen Wohnung in seiner Mutter Leib mit Gefahr und Ängsten geboren wird in diesen weiten Himmel und Erde. Ebenso geht der Mensch durch die enge Pforte des Todes aus diesem Leben. Und obwohl der Himmel und die Welt, darin wir jetzt leben, als groß und weit angesehen werden, so sind sie doch gegen den zukünftigen Himmel so viel enger und kleiner, wie es der Mutter Leib gegen diesen Himmel ist." BURKHARD WEITZ

Glaube hat viele Gesichter. Er zeigt sic
als spirituelle Neugier, als Freude am soziale
Engagement. Oder als Gelassenheit, wen
alle Sicherungen rausfliegen – wichtig ist nur ein
sich für religiöse Erfahrungen zu öffne

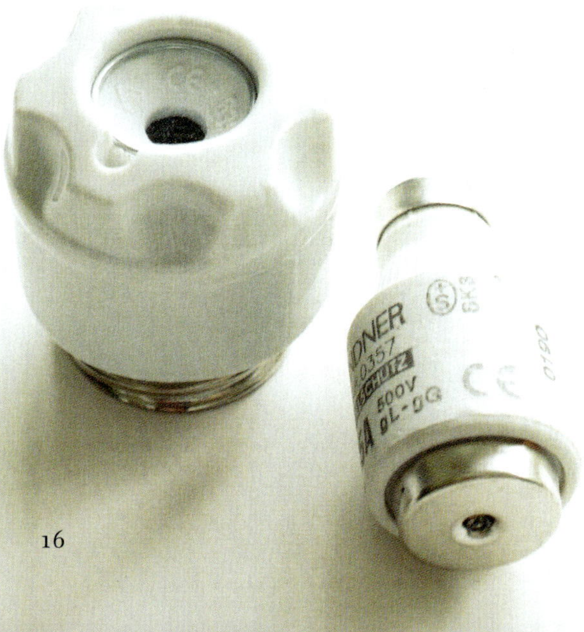

Woran merke ich, dass ich glaube?

Manche Entdeckungen schlagen in die eigene Biografie ein wie ein Blitz. Reinhold Schneider, ein großer Literat der dreißiger bis fünfziger Jahre des 20. Jahrhunderts, notierte in einem seiner Tagebücher: „Ich schlug an einem Weihnachtsabend in Potsdam die Heilige Schrift auf und floh nach wenigen Kapiteln auf die kalte dunkle Straße. Denn es war klar: Unter diesem Anspruch der Wahrheit kehrt sich das Leben um. Dieses Buch (...) ist kein Buch, sondern eine Lebensmacht. Und es ist unmöglich, auch nur eine Zeile zu begreifen, ohne den Entschluss, sie zu vollziehen. Darauf beruht ja die härteste Unmöglichkeit menschlicher Verständigung, dass den Glauben nur versteht, wer glaubt (...)."

Tief im Bewusstsein vieler moderner Menschen sitzt ein religiöser Zweifel. Ihre Fragen gehen schnell ins Grundsätzliche: Ist überhaupt etwas dran am viel behaupteten Walten Gottes in der Welt? Wer weiß überhaupt zu sagen, wo Gott steckt und was er tut? Was kann er wissen, was vermag er? Und ist das, was uns im Innersten bewegt, überhaupt „Glauben" oder „Religion"?

Viele unserer innersten Empfindungen und unserer Verhaltensmuster sind heute wissenschaftlich erklärbar. Psychologisch gesehen spielen zum Beispiel Angst und Selbstvertrauen eine lebensprägende Rolle. Medizinisch betrachtet entfalten Hormone ihre Wirkung und beeinflussen unser Verhalten. Beurteilen wir unser Leben mit den Augen von Volkskundlern und Anthropologen, so erkennen wir, welch umfangreiches, undurchdringliches Traditionsgut wir mit uns herumschleppen. Biologen ihrerseits sehen uns als Träger von Erbgut, Historiker wiederum erkennen mit geübtem Blick, wie wir an immer neuen Modellen kultureller und politischer Ordnung schmieden.

Auch unser Glauben ist teilweise „erklärbar" geworden. An Hirnströmen lassen sich religiöse Glücksgefühle ablesen. Fromme Menschen leben gesünder, heißt es in regelmäßig variierten Umfrageergebnissen. Unsere innersten Empfindungen finden ihren nachweislichen Niederschlag in glühenden Gedichten, auf leuchtenden Leinwänden, in emotionalen Konzerten. Doch ist das alles schon Glauben? Woran merken wir Kinder der Moderne überhaupt, dass wir glauben?

Das Eigenartige am Glauben ist: Man kann nur über ihn sprechen, wenn man sich auf ihn eingelassen hat. „Glaube braucht Erfahrung" (1982), so betitelte der frühere Tübinger Theologieprofessor Gerhard Lohfink eines seiner Bücher. Unter Erfahrung in diesem religiösen Sinne versteht er etwas anderes als das experimentelle Denken in Naturwissenschaft und Technik. Dort ist nur das „wirklich", nur das „real", was sich in Experimenten nachstellen und erfassen lässt. Experimente in diesem naturwissenschaftlichen Sinn sind ganz unbrauchbar, geht es um den Nachweis von Glauben. Doch Experimente im weiteren Sinn, wörtlich verstanden „Erfahrungen", gibt es auch im Glauben.

Woran merke ich, dass ich glaube? Auf diese Frage kann man nur paradox antworten: Wenn du glaubst, wirst du es wissen! Es gibt viele andere Situationen im Leben, wo nichts über die eigene Erfahrung geht. Ein simples Beispiel: Woran merke ich, ob ein Essen gut schmeckt? Ich werde es wohl probieren müssen. Ein anspruchsvolleres Beispiel: Woran merke ich, ob ein Mensch, dem ich begegne, zu einer verlässlichen Liebesbeziehung in der Lage ist? Ich werde mir natürlich seine Beteuerungen, Versprechungen und Liebesschwüre anhören, aber dann beginnt ein Abenteuer, über dessen Ausgang keine sicheren Prognosen möglich sind. Das Lebensprojekt Glauben ist so tief greifend wie das von Liebe, Treue, Partnerschaft – wenn nicht noch umfangreicher.

Glauben stützt sich auf Lebensberichte von anderen, die durch die eigenen Erfahrungen mit Leben gefüllt werden: „die Erfahrung des inneren Friedens, des Trostes, der Hoffnung und der Freude", wie Gerhard Lohfink schreibt; hinzu kommt die Erfahrung, durch soziales Engagement zur Lebensbewältigung anderer und zum sozialen Wandel beigetragen zu haben; oder die, vorbehaltlos akzeptiert zu werden ohne Rücksicht auf die eigenen (Fehl-)Leistungen; schließlich die Erfahrung, Hilfe zu erhalten oder anderen zu gewähren, anders gesagt: dass jemand die Hand über mich hält, wenn es im Leben drunter und drüber geht.

Da ist nicht Kopfarbeit, sondern Herz gefragt. Das wussten schon die ersten Christen. Originalton Paulus: „Freut euch allezeit im Herrn! (...) Lasst alle Menschen eure Güte erfahren, denn der Herr ist nahe. Um nichts macht euch Sorge, sondern bringt eure Bitten jederzeit betend und flehend mit Dank vor Gott. Und der Frieden Gottes, der alles Begreifen übersteigt(!), wird eure Herzen und eure Gedanken in der Gemeinschaft mit Christus Jesus bewahren." (Philipper 4, 4–7)

EDUARD KOPP

Das Leben en
mit dem Tod – in ei
Sackgasse, sagt
Vernunft. Seit die erst
Christen von Jesu leer
Grab berichtet
hoffen Menschen
die Auferstehu

Ist Jesus von den Toten auferstanden?

Karfreitag um das Jahr 30 ist Jesus am Ende: Der Mann, der Kranke durch Zuwendung heilte und seine Feinde liebte, ist tot. Die Sache Jesu steckt in der Sackgasse.

Was dann geschieht, kann man sich bis heute nicht erklären. Die Jünger sagen, Jesus lebe. Sie werden von Optimismus erfasst und verbreiten die Osterbotschaft in aller Welt.

In der Folge wird der Auferstehungsglaube für viele Generationen von Christen zur Bastion gegen die Angst. Jesu Auferstehung gilt als Beweis, dass das Leben nach dem Tod weitergeht. Die Auferstehungshoffnung hilft ihnen über großes Leid hinweg: über Kindstod, Hunger und Pest.

Man kann nicht an Christus glauben, ohne zugleich an seine Auferstehung von den Toten zu glauben, sagt schon der Apostel Paulus. „Ist Christus nicht von den Toten auferweckt, so ist euer Glaube vergeblich", schreibt er im 1. Korintherbrief 15, 17.

Dieser Satz ist eine Zumutung. An kaum einem anderen Bibelvers beißen sich aufgeklärte Christen die Zähne so sehr aus wie an diesem. Denn die Auferstehung widerspricht wissenschaftlicher Vernunft. Und dann noch die Geschichten, die die Evangelisten erzählen! Der gerade aus dem Grab auferstandene Jesus habe vor den Augen der Jünger gebratenen Fisch gegessen, berichtet das Lukasevangelium (24, 36–49), ganz wie ein Wesen aus Fleisch und Blut. Müssen Christen so etwas wirklich glauben?

Schon immer hielten Gebildete die Auferstehung von den Toten für eine Zumutung für die Vernunft. Doch erst der Siegeszug der Naturwissenschaft und der exakten Geschichtswissenschaft lässt die Auferstehung auch in den Augen der Mehrheit als ein Ding der Unmöglichkeit erscheinen. Eher glaubt man heute den Historikern, welche die Ostergeschichte ganz anders erzählen. Sie meinen, Jesus sei im Grab verwest. Und seine Jünger hätten halluziniert, dass er auferstanden sei. Spätere Generationen hätten dann aus diesen Halluzinationen die Osterlegenden ersonnen, in denen Jesus leibhaftig unter die Jünger tritt und vor ihren Augen Fisch isst.

Für Christen stellt sich also die Frage: Wie leibhaftig war die Auferstehung? Was davon muss man glauben? Was nicht?

Theologen haben schon viele Versuche unternommen, die Auferstehung irgendwie plausibel zu machen. Eine Erklärung lautet: Jesus sei in die Verkündigung der Jünger, in die Herzen der Gläubigen auferstanden. Einerseits erfasst diese Erklärung manches sehr treffend: Dank der Auferstehung wirkte Jesu Idee in den Gläubigen fort. Jesu Humanität war stärker als das Kalkül seiner Mörder. Andererseits wird nicht deutlich, wie Christen aus dieser Art von Auferstehung Hoffnung auf ein eigenes Leben nach dem Tod schöpfen sollen.

Ein zweiter Erklärungsversuch lautet: Auferstehung sei ein Sinnbild für allgemeine Rettungserfahrungen. Im Gewand eines angeblich historischen Ereignisses spiegele die Auferstehung wider, wie Menschen Verzweiflung überwinden, wie sie aus verfahrenen Situationen herausfinden.

Diese Erklärung beschreibt, dass Auferstehungshoffnung Menschen mobilisieren kann, ihr Leben grundlegend zu verändern. Oder für eine bessere Gesellschaft zu kämpfen. Dennoch: Nicht die Erfahrung eigener Auferstehung im Leben begründet den Glauben an Jesu Auferstehung. Sondern umgekehrt: Weil Jesus auferstanden ist, glauben Christen an die eigene Auferstehung.

Ein dritter Erklärungsversuch besagt: Jesus sei zwar auferstanden, aber nicht leibhaftig. Nur seine Seele habe sich den Jüngern offenbart. Auch dies mag manchem Skeptiker zum Glauben verholfen haben. Doch zu Recht betont die Bibel immer wieder: Zur Erlösung gehört auch der Körper. Ein körperloses Seelenwesen kann keinen Schmerz verspüren – und ebenso keine echte Freude. Nur wer Aussicht hat, dereinst mit Leib und Seele aufzuerstehen, hat zu Lebzeiten Grund, auf Erlösung zu hoffen.

Erklärungen können die Auferstehungshoffnung in Teilen nahe bringen. Doch letztlich wirkt der Glaube an Jesu Auferstehung nur, wenn dies dazugehört: dass Jesus leibhaftig auferstand und nicht im Grab verweste. Alle anderen Ostergeschichten kann man für ausschmückende Legenden halten, dem Auferstehungsglauben schadet das nicht.

Wer nur an Beweise glaubt, für den ist der Glaube an Jesu Auferstehung eine Torheit. Vielleicht können wir aber mit zwei Wahrheiten leben: mit einer, die sich beweisen lässt, und mit einer, die Mut zum Leben macht.

BURKHARD WEITZ

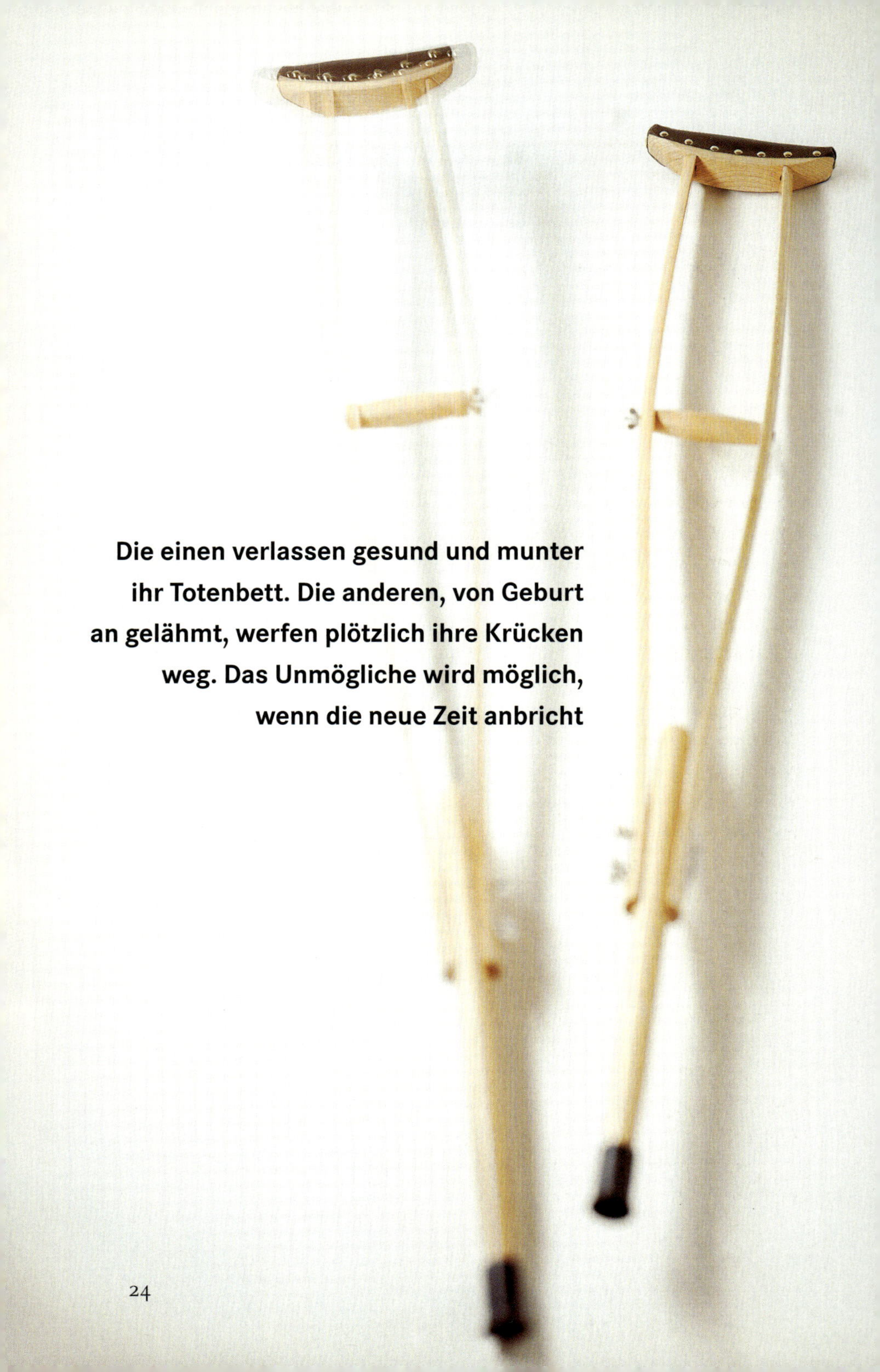

Die einen verlassen gesund und munter ihr Totenbett. Die anderen, von Geburt an gelähmt, werfen plötzlich ihre Krücken weg. Das Unmögliche wird möglich, wenn die neue Zeit anbricht

Gibt es Wunder?

Da gehen sie, als wären sie nie tot gewesen: Lazarus aus dem judäischen Dorf Betanien, Jesu Freund, Bruder von Maria und Martha, der bereits vier Tage im Grab gelegen hatte (Johannesevangelium 11, 14–17). Oder die Tochter eines Gemeindevorstehers namens Jaïrus, an deren Totenbett die Flötenspieler bereits versammelt waren (Matthäus 9, 18). Mal bringt die energische Aufforderung „Kommt aus dem Grab heraus" den Toten ins Leben zurück, mal erhebt sich das Menschenkind, kaum dass Jesus es bei der Hand gefasst hat.

Da geht er, als wäre er nie gelähmt gewesen, der Bettler am Tempel, „lahm von Mutterleibe" (Apostelgeschichte 3, 2); ihn ergriff Jesus „bei der rechten Hand und richtete ihn auf". Es geschehen Wunder oder, wie sie in der Bibel genannt werden, Zeichen und „Krafttaten". Rund 30 schreiben die Evangelien Jesus zu: Krankenheilungen, Dämonenaustreibungen, Totenerweckungen und eine Reihe „Naturwunder": Wasser verwandelt er in Wein, er beruhigt die aufgepeitschten Sturmwellen des Meeres.

Ist das wirklich möglich? Stimmt das, was in der Bibel steht? All diese Wunder haben etwas gemein: Sie „überschreiten die Grenzen des menschlich Möglichen" und berufen sich dabei auf Jesus Christus (Gerd Theißen, 1996). Als Wunder gelten „besondere Taten, die im Volk den Eindruck von Jesu Vollmacht vertieften", heißt es im Evangelischen Gemeindekatechismus. „Das wahre Wunder, von dem Jesus sprach und handelte, war die erwartete Offenbarung Gottes."

Die Wunder erhalten ihre Bedeutung also durch die näher rückende Heilszukunft. Sie sind gleichsam eine „Anzahlung" auf die neue Zeit, in der Krankheit und Unrecht besiegt sind, Gewalt dem Frieden gewichen ist, die ganze Schöpfung aufatmet.

Aber Achtung: Die Wunder sind keine objektiven, gleichsam gerichtsverwertbaren Beweise. Zwar beglaubigen die Wunder Jesu besondere Rolle als Heilsgestalt der neuen Zeit, aber wer ihm neue Wunder nur zur Legitimation seiner Messiasrolle abverlangt, ist nach biblischem Verständnis bereits auf dem Holzweg und geht mit seinen Wunderwünschen leer aus. Ist bei den Hilfsbedürftigen aber etwas Glauben, etwas Vertrauen da, selbst noch so klein und voller Zweifel, geht der Mann aus Nazareth auf die Wünsche ein. Eine sachlich-neutrale Beobachtung von Wundern ist also prinzipiell unmöglich.

Ja, es gibt Wunder, und das bis heute. Nicht unbedingt so wie in den mittelalterlichen Wallfahrtskirchen und in den heutigen Heilungsgottesdiensten der Charismatiker, wo Krücken und Rollstühle zur Seite gestellt werden und Gelähmte mit geradem Rücken und erhobenen Hauptes nach Hause gehen. Wunder als Durchbrechung der wissenschaftlich bekannten Kausalitäten sind äußerst unwahrscheinlich.

Aber Wunder gibt es in zahlreichen anderen Formen: als Wunder der Liebe und der Lebenserrettung, der Versöhnung und Genesung. Wunderberichte lassen sich nur „verstehen“, wenn man sie als eine besondere literarische Erzählform sieht, die übrigens auch außerhalb der jüdisch-christlichen Tradition weit verbreitet war.

Diese literarische Gattung erkennen zu lernen brauchte seine Zeit. Ein passende Betrachtung biblischer Texte kam erst mit der so genannten formgeschichtlichen Exegese. Waren bis zur Aufklärung die Wundergeschichten noch als Tatsachenberichte gelesen worden, wendete sich nun das Blatt. Der Schriftsteller Gotthold Ephraim Lessing (1729–1781) hatte noch argumentiert: Als Jesus den Sturm auf dem Meer stillte, fuhr das Boot wohl um eine Landzunge herum in eine windstille Bucht. So könnte es gewesen sein.

Doch das hätte in den Schreibstuben der Bibelautoren niemanden interessiert. Naturwissenschaftliche Deutungen laufen der Absicht der Wundererzähler entgegen. Nur wenn man diese Geschichten auf ihren Stil und ihre religiöse Sinnspitze hin abklopft, entgeht man der Falle der naturwissenschaftlichen Wunderanalyse. Die Frage heißt: Mit welcher Absicht haben die Christen solche Berichte erzählt? Die Antwort: Sie sollen den Wundermann als Propheten und Vorboten des kommenden Gottesreiches erscheinen lassen.

In diesem religiösen Sinn, nicht als Show, wird es weiter Wunder geben. Einschneidende Ereignisse werden das Leben von Menschen auch weiter verändern. Christen haben auch weiter den Auftrag, Zeichen zu wirken – getreu dem gar nicht bescheidenen Wort: „Heilt die Kranken und verkündet das Evangelium."

EDUARD KOPP

Ein Leben nach dem Tod verspricht die Religion. Doch so verführerisch der Gedanke auch sein mag – für viele ist er schwer zu glauben

Sehen wir uns im Jenseits wieder?

„Wenn die Großmutti tot ist, dann müssen wir ihr helfen", sagt das dreijährige Mädchen. „Nein, wenn die Großmutti tot ist, dann können wir ihr nicht mehr helfen", sagt der Vater. Doch das Kind lässt sich nicht abwimmeln: „Wo ist denn die Großmutti jetzt?"

Gute Frage, aber schwer zu beantworten. Denn noch ist kein Mensch nicht gestorben. „Wo sind sie jetzt, die Toten?" ist also keine Kinderfrage, sondern eigentlich die Frage schlechthin, vielleicht sogar die Mutter aller Fragen.

Den meisten fällt dazu auf Anhieb nur eine Reaktion ein: schweigen, vergessen. Da es offenkundig nicht möglich ist, die Frage nach einem Weiterleben nach dem Tod kurz und einleuchtend zu beantworten, entziehen sich viele Menschen der Auseinandersetzung. Selbst jene, die sonst auf alles und jedes eine Antwort wissen, flüchten sich beim Thema Tod in Verweigerung. Dass alle Menschen sterben müssen, scheint ein irgendwie unpassender Gedanke. Tod passiert zwar, aber immer nur anderen. Und eigentlich gibt es ihn gar nicht, den Tod.

Da waren die frühen Religionskritiker von anderem Kaliber. Das große Versprechen der Religionen, das da lautet: „Es geht weiter mit dem Menschen nach seinem Tode", lehnten sie radikal ab. Die rationalistische Religionskritik formierte sich im Zuge der Aufklärung seit dem Ende des 17. Jahrhunderts. Ihre Vertreter warfen (und werfen) den christlichen Kirchen vor, sie hätten Hölle, Paradies und ewiges Leben nur erfunden, um mündige Menschen zu ködern und zu unterdrücken. Glaube, Religion, die Hoffnung auf ewige Dauer des Daseins – dies alles waren (und sind) für sie Projektionen des Menschen, gespeist nur aus seinem Bedürfnis nach Höherem. Für den Marxismus, der das Paradies auf Erden errichten wollte, galt bekanntlich der Grundsatz: „Religion ist das Opium des Volks."

Ein Klassiker dieser Art von Religionskritik ist Ludwig Feuerbach. Er warf der Kirche in seinen Vorlesungen über die Religion 1847 vor: „Das Christentum hat den Menschen durch die Verheißung des ewigen Lebens um das zeitliche Leben, durch das Vertrauen auf Gottes Hilfe um das Vertrauen zu seinen eigenen Kräften gebracht. Die Aufhebung eines besseren Lebens im Himmel schließt die Forderung in sich: Es soll, es muss besser werden auf der Erde."

Die christliche Religion macht da nicht mit. Weder verschweigt sie den Tod noch verklärt sie ihn. Zwar treiben bestimmte Christen immer wieder viel Schindluder mit der Frage nach dem Jenseits. Sie ergehen sich entweder in wüsten Gerichtsdrohungen oder lassen das Paradies in aufdringlichem Kitsch erstrahlen.

Aber solche Fantasien speisen sich nicht aus dem sparsamen Vorrat von Hinweisen und Andeutungen, die der Kern der biblischen Botschaft bereithält. Zunächst ist für die Bibel klar, dass der Tod selbstverständlich zum natürlichen Kreislauf des Lebens gehört. „Denn du bist Erde und sollst zu Erde werden", bekommt Adam in der biblischen Schöpfungsgeschichte von Gott gesagt (1. Mose 3, 19). Andererseits sind das Sterben und der Tod aber keine fröhliche Angelegenheit; besonders der frühe, als vorzeitig empfundene Tod wird gefürchtet.

Doch schon im alten Testament finden sich Spuren, die von dem Glauben und der Hoffnung zeugen, dass Gott den Menschen im Tode nicht allein lässt. „Führe ich gen Himmel, so bist du da; bettete ich mich bei den Toten, siehe, so bist du auch da!", heißt es im 139. Psalm.

Diese schlichte Hoffnung, dass Gott den Menschen auch nach seinem Tod nicht verlässt, findet im Neuen Testament durch die

Auferstehung Jesu Christi eine Fortsetzung. Wenn der Apostel Paulus schreibt: „Hoffen wir allein in diesem Leben auf Christus, so sind wir die elendsten unter den Menschen" (1. Korinther 15, 19), dann will er damit sagen: Gott ist für die Menschen auch und gerade dann da, wenn nach unseren Maßstäben das Leben vergeht.

Diese Hoffnung über das Sichtbare hinaus, ist ein Markenzeichen des christlichen Glaubens, vielleicht sogar das entscheidende. Für Christinnen und Christen gilt eben gerade die Umkehrung des Satzes von Ludwig Feuerbach: Gerade das Vertrauen auf Gottes Hilfe stärkt ihre eigenen Kräfte und ihre Lust aufs Leben. Die Kraft des Jenseits ist für sie die Kraft des Diesseits.

Aber natürlich gilt auch: Die christliche Ewigkeitshoffnung, die in der Rede von der Auferstehung Jesu Christi ihren stärksten Ausdruck findet, ist empirisch nicht beweisbar. Und wer sein Leben allein nach dem Prinzip „Fakten, Fakten, Fakten" ausrichtet, dem wird auch künftig eine religiöse Hoffnung auf das ewige Leben nichts zu sagen haben. Hoffnung über den Tod hinaus bleibt eben Hoffnung, und wer mehr verspricht, der ist ein Scharlatan. Der Glaube an ein Leben nach dem Tod, an die Ewigkeit und an den unendlichen Wert der Menschenseele lässt sich nicht isoliert als Teilbereich erwerben. Er ist nur als Ganzes zu haben.

Wer in diesem Leben und auf dieser Welt nicht wagt, mit der Hoffnung auf Gott zu leben, wen die religiöse Dimension völlig kalt lässt, dem wird es auch schwer werden, sich mit der Mutter aller Fragen: „Gibt es ein Leben nach dem Tod?", anzufreunden.

REINHARD MAWICK

Das Lebensrecht des Pitbulls zweifeln inzwischen viele an. Doch darf der Mensch Kampfhunde einfach töten, wenn er sie nicht mehr will?

Darf der Mensch Kampfhunde töten?

An Kampfhunden scheiden sich die Geister. Immer wieder, wenn Menschen zu Schaden kommen, werden Forderungen laut, bestimmte Hunderassen vollständig einzuschläfern. Ist dies nicht eine verständliche Reaktion? Zumal, wenn Menschen oder gar Kinder zu Schaden kommen? Auf der anderen Seite: Darf man Tiere so einfach töten? Sind Haustiere für den Menschen frei verfügbar wie Gegenstände?

Das deutsche Tierschutzgesetz setzt über seinen ersten Paragraphen die Überschrift: „Verantwortung für das Tier als Mitgeschöpf". Ein Tier wie ein Ding zu behandeln, das ist offensichtlich nicht in Einklang zu bringen mit unserem christlich geprägten abendländischen Rechtssystem. Warum?

In der Schöpfungsgeschichte, ganz am Anfang der Bibel, heißt es nach dem letzten Schöpfungstag, bevor Gott einen Tag Ruhepause machte: „Und Gott sah an alles, was er gemacht hatte, und siehe, es war sehr gut!" (1. Mose 1, 31) Also: Die Schöpfung an sich ist gut. Und zu ihr gehören natürlich auch die Tiere. Sie stehen dem Menschen sogar besonders nahe. Das belegt auch eine weitere biblische Urgeschichte, nämlich die der Arche Noah. Die meisten Menschen sind böse, deshalb will Gott sie strafen. Nur Noah findet Gnade und darf deshalb die Arche bauen. Gott gebietet ihm: „Bringe in die Arche von allen Tieren je ein Paar, Männchen und Weibchen, dass sie leben und bleiben mit dir." (1. Mose 6, 19) Die Tiere sollen leben, sie sind Gott lieb und teuer – worauf sich übrigens zum Beispiel christliche Vegetarier berufen. Sie sehen Tiere als Mitgeschöpfe und lehnen es ab, sie zu töten und ihr Fleisch zu essen.

Martin Luther, der Reformator (1483–1546), war sich der Tatsache, dass Tiere und alle anderen Lebewesen Mitgeschöpfe sind, sehr bewusst. „Ich glaube, dass Gott mich geschaffen hat, samt allen Kreaturen", betont er in seiner berühmten Erklärung des Glaubensbekenntnisses (im Kleinen Katechismus). Allerdings war Luther keinesfalls Vegetarier, denn einige Sätze weiter ordnet er das Vieh unter den Dingen ein, die Not tun für Leib und Leben.

Auch für Luther war die Sache also eine komplexe Angelegenheit. Die Behauptung, Mensch und Tier seien als Geschöpfe Gottes prinzipiell gleichberechtigt, reibt sich an einer anderen zentralen Aussage der biblischen Urgeschichte: „Macht euch die Erde untertan und herrschet über alle Tiere", sagt Gott zu Adam und Eva, dem ersten Menschenpaar (1. Mose 1, 28). Dieser menschliche Herrschaftsauftrag – ist er im Falle der Kampfhunde nicht geradezu eine „Lizenz zum Töten"? Muss in seinem Namen nicht ein Tier, das zum Problem geworden ist, beseitigt werden?

Der Mensch ist die Krone der Schöpfung, er ist „Ebenbild Gottes" (1. Mose 1, 26). Vielleicht wäre die Sache damit klar, wenn nicht dem Menschen, sozusagen als Grundausstattung für seine herausragende Rolle in der Natur, die Fähigkeit zur Reflexion gegeben wäre. Die Frage: Wo stehen die Tiere also in der Schöpfung – auf gleicher Ebene oder doch etwas tiefer?, diese Frage beschäftigt buchstäblich seit Jahrtausenden die Theologen, die Deuter des Wortes Gottes. Und eine abschließende Antwort gibt es bis heute nicht. Es hilft nichts: Der Mensch kann und soll abwägen zwischen seinen eigenen Interessen und denen der Tiere, seiner Mitgeschöpfe.

Womit wir wieder in der Gegenwart wären. Der Rat der Evangelischen Kirche in Deutschland und die katholische Deutsche Bischofskonferenz halten in ihrer gemeinsamen Erklärung von 1985 „Verantwortung wahrnehmen für die Schöpfung" fest: „Das Tier ist mehr als nur ein Objekt zur Verwertung seines Fleisches, sein Wert geht über die bloße Nützlichkeit seiner Leistung hinaus. Die christliche Ethik wird sich nicht auf menschliches Leben allein beziehen können, sondern muss tierisches und pflanzliches Leben, ja auch die leblose Natur mit einbeziehen."

Ob wir sie dulden oder nicht, ob die öffentliche Meinung sie hätschelt oder sie getötet sehen will: Kampfhunde sind auf jeden Fall Gegenstand ethischer Reflexion, denn sie sind auch Geschöpfe. Einige Kampfhunde sind eingeschläfert worden – nach eingehender Prüfung durch die Behörden und weil keine andere Möglichkeit gefunden wurde, die Menschen vor dem aggressiven Tier zu schützen.

Wie der Staat verpflichtet ist abzuwägen, so wird auch jeder Bürger gut daran tun, die Sache genau zu überdenken. Eins ist klar: Den Menschen, die auf so schreckliche Weise zu Tode kamen, hilft es nichts, wenn der Gesellschaft beim Thema Kampfhunde kollektiv die Sicherung durchbrennt.

Genau davor schützt die christliche Ethik. Denn in den Dingen auf Leben und Tod hält uns die Bibel zu einer Beißhemmung gegenüber allen Geschöpfen an.

REINHARD MAWICK

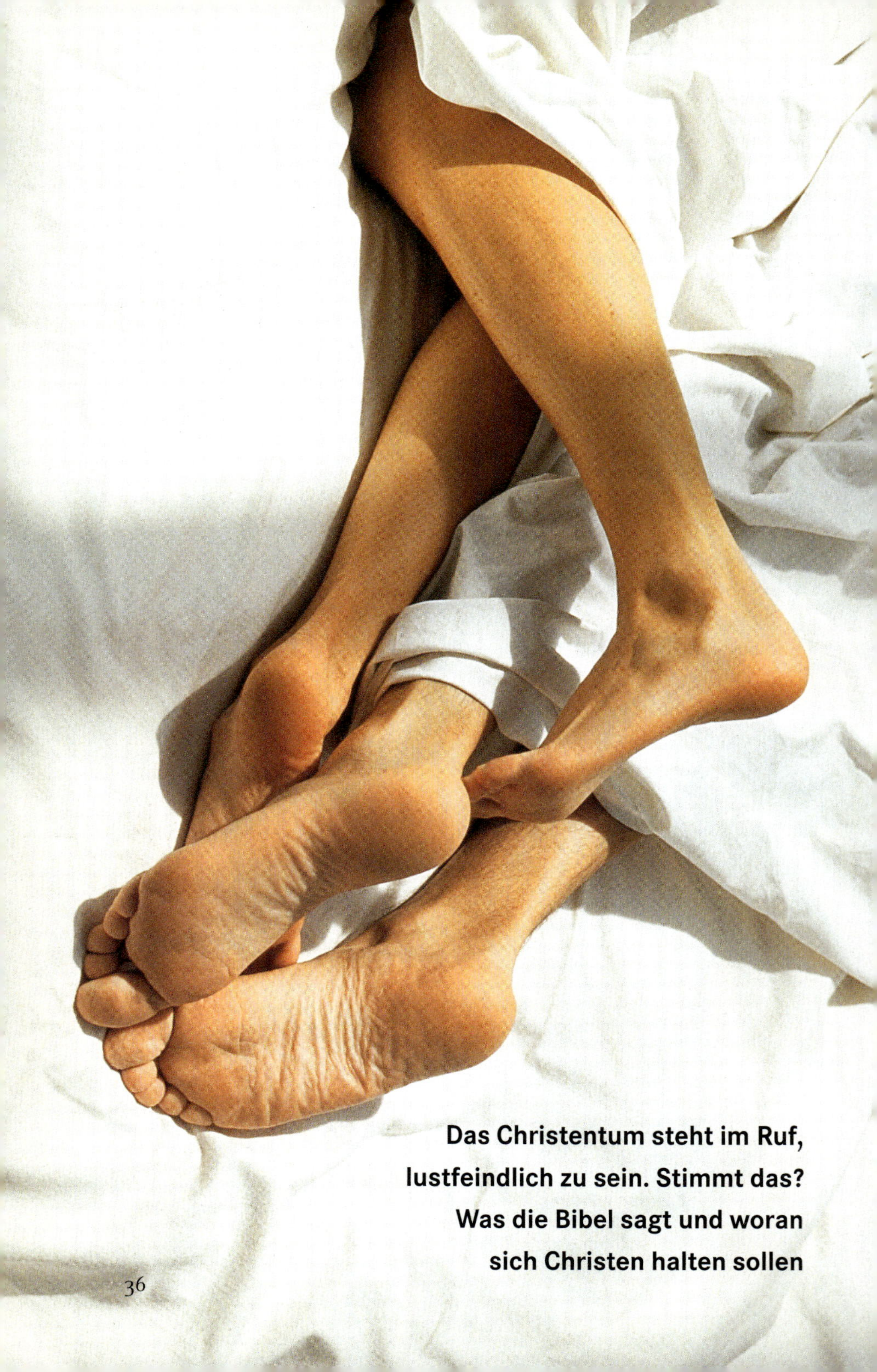

Das Christentum steht im Ruf, lustfeindlich zu sein. Stimmt das? Was die Bibel sagt und woran sich Christen halten sollen

Ist Sex vor der Ehe erlaubt?

„Wahre Liebe wartet" – unter dieser Parole kämpfen christliche Teenager und Twens in Amerika und Europa gegen die eigene Lust auf Sex vor der Ehe. Sie geloben feierlich: „Durch die Gnade Gottes verpflichte ich mich ab heute vor Gott, vor mir selbst, meiner Familie, meinen Freunden und meinem zukünftigen Ehepartner, bis zum Tag meiner Heirat sexuell rein zu bleiben!" Manche tun's öffentlich, heften unterschriebene Karten mit diesem Text an Pinnwände. Andere dieser Zeitgeist-Verweigerer haben nur einen Adressaten für ihre Aktion: sich selbst, sie stecken die Karte in die Schublade, vertrauen ihren Schwur höchstens dem Tagebuch an. Einige kirchliche Jugendorganisationen unterstützen die Kartenaktion.

Junge Liebe ohne Sex – warum? Die Jugendlichen verweisen auf die Bibel. Aber die gibt an Begründungen für strenge Enthaltsamkeit wenig her. Sex im heutigen Sinne war für die Altvorderen kein Thema. Der Kult um die lustvolle, selbstbestimmte körperliche Begegnung zweier erwachsener Menschen interessierte die biblischen Erzähler nur am Rande. Nämlich dann, wenn jemand aus Lust die für das Zusammenleben der Sippe wichtigen Regeln verletzte.

So heißt es im zweiten Buch Mose sinngemäß: Wenn jemand eine Jungfrau, die noch nicht verlobt ist, verführt und mit ihr Geschlechtsverkehr hat, so soll er den Brautpreis zahlen und sie heiraten. Falls der Vater der Frau ihn aber als Schwiegersohn ablehnt, hat er den Brautpreis abzuliefern und die Sache ist erledigt.

Es ging im alten Israel also nicht um Gefühle und Anstand und „Moral", sondern um eine wirtschaftliche Angelegenheit. Die entjungferte Braut hatte auf dem Heiratsmarkt keine Chancen mehr. Dafür musste die Familie finanziell entschädigt werden.

Unsere moderne Ehe kennt das Alte Testament nicht. Zwar heißt es im sechsten Gebot in der deutschen Übersetzung: „Du sollst nicht ehebrechen." Aber wo in der Bibel heute „Ehe" steht, geht es in der Sache vor allem um „Familie" oder „Haus". Und an der Spitze des Hauses stand der Mann. Töchter und Ehefrauen waren sein Eigentum.

Als lebenslange, verlässliche Beziehung gewinnt die Ehe erst im Neuen Testament Gestalt. Am stärksten wirkt bis heute das im Matthäusevangelium überlieferte Wort Jesu gegen die Ehescheidung: „Was nun Gott zusammengefügt hat, das soll der Mensch nicht scheiden." (19, 6). Der Apostel Paulus vergleicht die Ehe im Brief an die Epheser mit der Beziehung zwischen Christus und der Gemeinde (5, 32). Damit erhielt sie den hohen Stellenwert, der sie für die römisch-katholische Kirche zum Sakrament macht. Dem Reformator Martin Luther erschien die Ehe als „weltlich Ding". Zugleich bleibt sie auch für Protestanten klares Leitbild für partnerschaftliche Beziehungen.

Für das gängige Bild von sündigem Sex und Fleischeslust hat vor allem der antike Kirchenlehrer Augustin (354–430) gesorgt. Augustin meinte, dass die „Ursünde" von Adam und Eva durch den Geschlechtsakt von Generation auf Generation vererbt werde. Daraus entwickelte sich die Auffassung, dass körperliche Lust keinen Wert habe. Sie könne allenfalls in der Ehe als Mittel zum Zwecke der Fortpflanzung geduldet werden.

Für die zentrale Veränderung im Umgang mit Sex sorgte die Pille in den sechziger Jahren des vergangenen Jahrhunderts. In der damit einhergehenden „sexuellen Revolution" konnte sich die Lust zweier Menschen vom Gedanken der Fortpflanzung vollständig lösen. Dass sexuelle Freiheit nie risikolos ist, wurde der westlichen Welt unter dem Schock von Aids seit Mitte der 80er Jahre auf neue Weise bewusst.

Waren die Erfahrungen mit Aids zentraler Auslöser für die Kampagne „Wahre Liebe wartet"? Schon möglich. Die von jungen Gläubigen der konservativen Southern Baptist Church in den USA gegründete Bewegung versteht sich jedoch in erster Linie als Aktion der moralischen Erneuerung aus einem christlichen Impuls heraus. Und auch wenn sich in der Bibel nur schwer Belege für ein striktes Nein zu vorehelichem Sex heute finden lassen, verdient die Aktion Respekt. Denn Jugendpsychiater haben festgestellt: Die in der Konsumgesellschaft propagierte grenzenlose sexuelle Freiheit ist für viele Jugendliche mehr Last als Lust und setzt sie unter großen Druck.

Christen bleiben gerade angesichts dieser Freiheit dem verantwortungsbewussten und aufrichtigen Umgang mit der Gottesgabe der Lust verpflichtet. Und vor allem gilt: Niemand darf andere zu Objekten seiner Triebe machen, darf sie ihrer Würde berauben, sie demütigen und zu sexuellen Handlungen zwingen oder sie körperlicher und psychischer Gefahr aussetzen. Sex als freiwillige, respektvolle Begegnung zweier Menschen – das ist für Christinnen und Christen eine unaufgebbare Konsequenz der Vorstellung, dass wir Gottes Ebenbilder sind (1. Mose 1, 27). REINHARD MAWICK

Ein Vorbild an Moral und Anstand – so sehen viele Menschen die Geistlichen. Gerade von den Würdenträgern in Schwarz erwarten sie einen tadellosen Lebenswandel. Entsprechend groß ist das Entsetzen, wenn Ideal und Wirklichkeit wieder einmal auseinander klaffen

Müssen Pfarrer bessere Menschen sein?

Auf einmal nannten ihn die Zeitungen nur noch den „Todespastor“. Ein Pfarrer aus Niedersachsen hatte seine Frau erschlagen. Doch damit nicht genug: Eine andere Frau hat er auch noch gehabt. Und mit ihr soll er angeblich wenige Stunden nach der Mordtat im Bett gewesen sein. Das Gericht verurteilte den Pfarrer nach einem Indizienprozess zu acht Jahren Gefängnis.

Ein Pfarrer als Mörder und Ehebrecher? Das erscheint der Öffentlichkeit als eine noch größere Zumutung, als wenn „normale“ Menschen so etwas tun. Aber selbst wenn es nicht gleich um Mord und Totschlag geht, schlagen moralische Verfehlungen von Pfarrerinnen und Pfarrern besonders hohe Wellen. Warum eigentlich? Gilt für sie eine höhere Moral als für andere? Müssen Pfarrerinnen und Pfarrer bessere Menschen sein?

Der Streit um die moralische Fehlbarkeit ihrer Amtsträger ist so alt wie die Kirche selbst. Schon im Neuen Testament finden sich klare moralische Weisungen. So heißt es im ersten Timotheusbrief über den Geistlichen, er soll „untadelig sein, Mann einer einzigen Frau, nüchtern, maßvoll, würdig, gastfrei, (...) einer, der seinem eigenen Haus gut vorsteht und gehorsame Kinder hat in aller Ehrbarkeit“.

Doch bereits in der Alten Kirche stieß der hohe moralische Anspruch an die eigenen Amtsträger an Grenzen und führte zu Konflikten. Sie entzündeten sich an der Frage der Glaubenstreue. Ab dem dritten Jahrhundert war es im Römischen Reich zu systematischen Christenverfolgungen gekommen. Unter Androhung von Tod und Folter hatten viele Christen, auch Priester und Bischöfe, ihrem Glauben abgeschworen und dem Kaiser und den alten Göttern gehuldigt. Wie war es fortan mit den Sakramenten, die diese weiter spendeten, mit Taufe und Abendmahl? Waren sie gültig oder ungültig? Wie waren die Umfaller überhaupt zu behandeln? Konnte ihnen die Kirche vergeben? Durften sie weiter Priester sein? Nach langem Streit entschied sich die Kirche: Die Sakramente sind unabhängig von der Moral und Würdigkeit ihrer Spender gültig.

Damit schaffte sie sich eine Menge Probleme vom Hals. Wenn folglich ein Pfarrer oder Bischof persönlich versagte, stand nicht mehr gleich die Glaubwürdigkeit der ganzen Kirche auf dem Spiel. Es wurde deutlich unterschieden zwischen dem geheiligten Amtsträger der Kirche und seinem Dienst einerseits und dem sündigen Menschen andererseits. Die heiligen Handlungen aber, die er Kraft seines Amtes vollzog, blieben von seinen Sünden grundsätzlich unberührt.

Auf der anderen Seite hielt die Kirche aber daran fest, dass der geweihte geistliche Stand doch etwas qualitativ anderes ist als das normale Kirchenvolk. In der römisch-katholischen Kirche ist das bis auf den heutigen Tag so. Ohne einen geweihten Priester, der als Mittler zwischen Gott und Mensch tritt, kann es nach römisch-katholischem Verständnis zum Beispiel keinen vollgültigen Gottesdienst geben.

Die Reformatoren des 16. Jahrhunderts lösten den Priesterstand als Institution mit eigener, exklusiver Vollmacht auf. Die protestantischen Kirchen orientieren sich von Beginn an konsequent am Leitbild des „Priestertums aller Getauften". Zwar gibt es auch in diesen Kirchen Pfarrer und Bischöfe, Männer und Frauen. Sie stehen aber nicht als geistlicher Stand, das heißt als exklusive Vermittlungsinstanz für das Verhältnis zu Gott, den Gläubigen gegenüber. Sie haben lediglich aufgrund ihrer theologischen Ausbildung eine besondere Qualifikation, Gottesdienste abzuhalten und die Bibel auszulegen. Das ist etwas grundlegend anderes als das priesterliche Amtsverständnis der römisch-katholischen Kirche. Und es hat erhebliche Konsequenzen für unser Bild vom Pfarrer. Zwar spricht man auch im Protestantismus von „Geistlichen", obwohl die Amtsträger ebenso „weltlich" sind wie andere Kirchenmitglieder. Und Pfarrerinnen und Pfarrer müssen streng genommen auch keine besseren Menschen sein. Um ihren Auftrag zu erfüllen, nämlich das Evangelium zu verkündigen und die Sakramente zu verwalten, ist dies jedenfalls nicht notwendig. Doch so einfach ist das im alltäglichen Gemeindeleben nicht. Eine radikale Trennung von Person und Amt ist in der Praxis schwierig. Denn zwangsläufig werden Pfarrerinnen und Pfarrer an den Prinzipien gemessen, die sie verkündigen.

Wenn ein Pfarrer predigt, die Gemeinde solle sich im Umgang mit den Armen ein Vorbild an Jesus nehmen, selbst jedoch unmäßigem Luxus frönt, ist das der Glaubwürdigkeit der christlichen Botschaft abträglich. Und wenn er Treue predigt, aber seine Ehefrau betrügt, dann rückt er seine Kirche in ein schiefes Licht. Es ist nötig, dass Pfarrer mit ihrem Lebenswandel nicht eine „Gegenpredigt" zur Botschaft ihrer Kirche halten.

Zumindest eine „mittlere Anständigkeit" sollten Pfarrer im Amt wahren, so drückte es einmal der frühere hannoversche Landesbischof Horst Hirschler aus. Auch wenn über die Grenzen des Anstands immer wieder zu reden ist, denn sie unterliegen dem Wandel der Zeiten wie viele andere Normen und Bräuche.

REINHARD MAWICK

Eigentlich ist die Sache klar: „Liebt eure Feinde!", predigte Jesus. Dietrich Bonhoeffer und Martin Luther King haben sich diesem Gebot verschrieben. Derweil halten viele Poltiker es für naiv, mit der Bergpredigt Gesetze machen zu wollen

Sind Christen zu Gewaltlosigkeit verpflichtet?

Martin Luther King muss seinen Tod vorausgeahnt haben. Am 3. April 1968, dem Vorabend seiner Ermordung, predigte der US-Bürgerrechtler in Memphis, Tennessee: „Ich sah das verheißene Land. Vielleicht erreiche ich es nicht mit euch. Doch als Volk werden wir eines Tages dahin gelangen." 24 Stunden später war King tot. Er, der Gewaltanwendung stets abgelehnt hatte, war selbst Opfer von Gewalt geworden.

„Liebt eure Feinde", sagt Jesus in der Bergpredigt, „und bittet für die, die euch verfolgen." (Matthäus 5, 44) Und: „Wenn dich jemand auf deine rechte Wange schlägt, dem biete auch die andere dar." (Matthäus 5, 39) Sätze wie diese waren es, die den Baptistenprediger Martin Luther King zum gewaltlosen Widerstand gegen Rassismus inspiriert hatten. Doch wer seine Feinde liebt und Angreifern die andere Wange hinhält, droht selbst ins Verderben zu stürzen. King wurde ermordet, wie zwanzig Jahre vor ihm der moderne Erfinder des zivilen Ungehorsams, Mahatma Gandhi, Kings Vorbild.

Nicht jedem imponiert solche Aufopferungsbereitschaft. Im Mittelalter behaupteten Theologen, Jesu Bergpredigt enthalte Ratschläge lediglich für Heilige. Und der berühmte Theologe Albert Schweitzer beschwichtigte zu Beginn des 20. Jahrhunderts: Jesu Bergpredigt sollte nur bis zur nahen Ankunft des Gottesreiches gelten. Dass stattdessen inzwischen fast 2000 Jahre Menschheitsgeschichte folgten, damit habe Jesus nicht gerechnet.

Wahrscheinlich hat Jesus seine Worte aber genau so gemeint, wie er sie sagte: Dass man seine Feinde lieben und Angreifern die andere Wange tatsächlich hinhalten soll.

Dahinter steht die Auffassung: Selbst wer sich mit Gewalt zur Wehr setzt und dabei anderen Schaden zufügt, lädt Schuld auf sich. Bis heute tun sich Christen schwer mit diesem radikalen Aufruf zum einseitigen Gewaltverzicht. 1983 sagte der damalige Bundeskanzler Helmut Schmidt im Streit um die atomare Nachrüstung: „Mit der Bergpredigt kann man nicht regieren." – „Woher wissen Politiker, dass man mit der Bergpredigt nicht regieren kann, wenn sie es nicht versuchen?", konterte der Pfarrer und frühere Berliner Bürgermeister Heinrich Albertz. Politiker könnten doch wenigstens versuchen, sich an die Grundsätze der Bergpredigt zu halten.

Tatsächlich kann Jesu Forderung in ein tiefes ethisches Dilemma führen. Denn manchmal lädt gerade der größere Schuld auf sich, der nicht mit Gewalt eingreift, weil er sich seine Hände nicht schmutzig machen will. Der Pfarrer und Widerstandskämpfer gegen Hitler, Dietrich Bonhoeffer, war Anhänger von Gandhis Idee des gewaltlosen Widerstandes. Bonhoeffer wollte den Nazis zunächst mit zivilem Ungehorsam, also gewaltfrei, entgegentreten. Als er erkannte, dass Hitlers Ermordung Millionen Menschenleben retten könnte, bejahte er den gewaltsamen Widerstand, blieb jedoch der Ansicht, dass Gewalt immer Sünde sei. Nur: Wer untätig bliebe, würde größere Schuld auf sich laden. Das Attentat scheiterte, Bonhoeffer wurde ermordet.

Ob man durch Gewalt größeren Schaden abwenden darf, debattieren Christen schon lange. Der Kirchenvater Augustin (354–430) lehrte, in einem „gerechten Krieg" dürften Christen zu den Waffen greifen: wenn eine legitime Regierung ihr Land gegen einen nicht provozierten Angriff verteidige, wenn sie erlittenes Unrecht vergelte und die Zerstörung verhältnismäßig bleibe. Doch kaum ein Krieg seither hält diesen Regeln stand. Vor allem die Verhältnismäßigkeit der Mittel steht oft in Frage. Heute setzt sich unter Theologen die Ansicht durch, dass kein Krieg „gerecht“ sein könne.

Jahr um Jahr entscheiden sich in Deutschland 160 000 junge Männer gegen den Wehrdienst. Dürfen Christen keinen Dienst an der Waffe leisten? Die Meinungen darüber gehen auseinander. Lutheraner bejahen den Beruf des Soldaten. So hatte der Reformator Martin Luther (1483–1546) gelehrt, nur friedfertige Menschen kämen mit den Regeln der Bergpredigt aus. Doch in einer Welt voller Bösewichte müssten Christen die staatliche Ordnung verteidigen. Die Mennoniten, eine andere Reformationskirche, rufen zur Kriegsdienstverweigerung auf. Nur so könne ein Christ Jesus nachfolgen. Für ihre Überzeugung nehmen sie seit Jahrhunderten Verfolgung und Vertreibung auf sich.

Mit Gewalt kann man Konflikte nicht dauerhaft lösen. Christen sollten daher Alternativen aufzeigen, wo andere nur Gewalt als Ausweg sehen. BURKHARD WEITZ

Zwischen Monogamie und Seitensprung spielt sich die Realität vieler Liebesbeziehungen ab. Wenn die Bibel von Treue spricht, hat sie mehr als das im Blick

Treue zum Partner – eine Christenpflicht?

Sie versprechen sich lebenslange Treue. Am Tag der Trauung fällt ihnen das leicht. Ein Paar, das die Ehe eingeht, hat viele Pläne für das Leben zu zweit. Ihre Liebe scheint unbezwingbar.

Aus voller Überzeugung hatte die Braut mit „Ja" geantwortet, als sie im Traugottesdienst gefragt wurde: „Willst du XY als deinen Ehemann annehmen, ihm treu sein, ihn achten und ihm vertrauen. Willst du ihn lieben, ihm helfen und für ihn sorgen? Willst du ihm vergeben, wie auch Gott vergibt, willst du ihm Freundin und Frau sein und mit ihm Wege finden, auf denen ihr gemeinsam durchs Leben gehen könnt in guten und in bösen Tagen, bis dass der Tod euch scheidet? So sprich: Ja, mit Gottes Hilfe!"

Treu sein? Ja, sicher. Doch was bedeutet das konkret? Es gibt zumindest zwei unterschiedliche Bedeutungen des Worts: Einerseits meint Treue die Verlässlichkeit der Bindung zum Partner, andererseits sexuelle Ausschließlichkeit. Der Unterschied ist mehr als offensichtlich: Es gibt genügend Beispiele dafür, dass Partner Beziehungen neben ihrer Ehe hatten – und alle Beteiligten mit einem blauen Auge oder ohne Scharmützel davongekommen sind. Sich darauf zu verlassen ist allerdings wenig ratsam.

Es fällt auf, dass es im zitierten Eheversprechen – einer von vielen Variationen – um Liebe und Freundschaft, um Vertrauen und Versöhnungsbereitschaft geht. Die Aufmerksamkeit richtet sich vor allem auf die innere Qualität ihrer Beziehung. Mit keinem Wort ist in dieser populären Formel die Rede von der Exklusivität der sexuellen Beziehung. „Untreue" im volkstümlichen Sinn, dem Ausflug in die Arme eines/einer anderen, wird hier nicht erwähnt – weder im Stil eines Verbots noch einer Mahnung.

Ein Freibrief für Abenteurer? Das wäre ein Missverständnis. Ehe bedeutet immer auch Verzicht. Es gibt die engen Verdikte der Bibel: „Wer die Frau eines anderen begehrlich ansieht, hat in seinem Herzen schon die Ehe mit ihr gebrochen." Andererseits ist die eheliche Treue kein zentrales biblisches Thema. Das hat historisch damit zu tun, dass die neutestamentlichen Schriften weitgehend von der Erwartung eines nahen Weltenendes geprägt sind und eine detaillierte, auf Dauer angelegte Tugendlehre deshalb überflüssig war. Wachsamkeit stand deshalb höher im Kurs als das Festhalten an Lebens- und Liebesverhältnissen.

Die Treue, um die es in der Bibel geht, ist zunächst und vor allem die Treue Gottes zu den Menschen. Das christliche Treueverständnis reicht weit über die Bettkante der Eheleute hinaus, es ist eine Grundeinstellung zum Leben überhaupt. Es geht darum, das eigene Leben unter eine große Perspektive zu stellen. Treue versteht die Bibel weniger im Sinne von: „Bleib so, wie du bist, damit ich dich lieben kann", als vielmehr so: „Ich halte zu dir, damit wir uns mit Gottes Hilfe beide entwickeln können."

In diesem Sinn, also weit über das sexuelle Verhalten hinaus, hat partnerschaftliche Treue einen hohen Stellenwert in der jüdisch-christlichen Tradition. Im Vordergrund stehen aber keine sexuellen Gebote oder Verbotskataloge. Selbst in der berühmten Bibelgeschichte von der ertappten Ehebrecherin, der traditionell die Steinigung drohte, liegt das Augenmerk Jesu nicht auf Details ihres Verhaltens. Er verdammt sie auch nicht wegen ihres Seitensprungs. Aber er fordert sie unmissverständlich auf: „Sündige hinfort nicht mehr." (Johannes 8) Nicht die Verurteilung, sondern die Vergebung bringt nach christlichem Verständnis die Menschen weiter.

Heute ist kulturell und gesellschaftlich manches anders. Viele Partner leben unverheiratet zusammen. Was bedeutet Treue für Menschen, die sich keine lebenslange Treue versprochen haben? Gerade weil das christliche Treueverständnis viel mehr umfasst als die Sexualität von Eheleuten, ist es auch für nicht Verheiratete relevant: Ihre Beziehung soll so gestaltet sein, dass sie die Entwicklung der Partner fördert.

In der Bibel erscheint Gott als Ursprung und Inbegriff der Treue. Sein Bund mit den Menschen, wie er in der Geschichte von der Sintflut, der Arche und dem Regenbogen zum Ausdruck kommt, ist ein prägendes Erlebnis in der jüdisch-christlichen Tradition. Auch Paulus betont die Treue Gottes zu den Menschen, so zum Beispiel in den Briefen an die Menschen in Korinth.

Ist die partnerschaftliche Treue also eine Christenpflicht? Sicherlich in dem Sinn, dass uns die Entwicklung der Partnerin/des Partners ein ernstes Anliegen sein muss. Erst daraus folgen dann allerlei Konsequenzen im Blick auf Verlässlichkeit, Offenheit, sexuelles Verhalten. Doch Treue ist nie Selbstzweck. Sie ist im Kern eine ernsthafte Verabredung zu einem gemeinsamen Weg in die Zukunft – in guten wie in schlechten Tagen. EDUARD KOPP

Vielen Menschen ist die Kirche heute nicht mehr wichtig. Sie suchen Gott in der Natur. Oder in Kunstgenüssen. Oder in einer stillen Meditation. Doch Christen sagen: Religion braucht Gemeinschaft

Glaube ohne Kirche – geht das?

„Es kann nicht Gott zum Vater haben, wer die Kirche nicht zur Mutter hat", sagte einst Bischof Cyprian, ein großer Lehrer der Alten Kirche im dritten Jahrhundert. Damit meinte er, dass nur derjenige wirklich Christ sein könne, der sich ohne Wenn und Aber der Lehre und Moral der Kirche unterwerfe. Schon hundert Jahre vor Cyprian prägte der römische Kirchenvater Tertullian den Satz: Extra ecclesiam nulla salus – zu Deutsch: Außerhalb der Kirche gibt es kein Heil. Dieser Satz erscheint vielen Menschen heute nicht nur alt, sondern auch altmodisch, denn sie sind genau vom Gegenteil überzeugt.

Der Anspruch der Kirche, verbindlich zu bestimmen, was zu glauben ist, blieb jahrhundertelang gültig. Sie bestimmte, was „immer, überall und von allen" zu glauben war (so Vinzenz von Lerinum, um 450). Dann beförderte die Renaissance im Abendland eine neue Sicht der Dinge. Das Individuum erfuhr eine ungeahnte Aufwertung, und aus dem Schoß der Kirche kroch ein Augustinermönch namens Martin Luther (1483–1546). Der beharrte nicht nur darauf, dass sich auch der Papst und kirchliche Konzilien irren können, sondern behauptete sogar, wirklich entscheidend sei, wie der Einzelne seinen Weg zu Gott finde. Auf den eigenen Glauben, die innere Überzeugung und die persönliche Gottesbeziehung komme es an und nicht auf das gehorsame Befolgen kirchlicher Riten und Verpflichtungen.

Heute, rund 500 Jahre später, ist das Nebeneinander verschiedener Glaubens- und Lebensformen Kennzeichen unserer Gesellschaft, und vieles spricht dafür, dass der Endpunkt des Pluralismus noch nicht erreicht ist. Es gilt mehr denn je die Formel vom

„Zwang zur Häresie", die der Religionssoziologe Peter L. Berger bereits 1980 prägte. Diese Formel bringt auf den Punkt, dass jeder Mensch heutzutage nicht nur in großer Freiheit lebt, sondern auch und gerade deshalb dazu genötigt ist, sein eigenes weltanschauliches und religiöses Profil zu entwerfen. Was soll da noch die Kirche? Schließlich finden viele Menschen auch an ganz anderen geistigen Quellen Nahrung. Esoterik und Naturgläubigkeit erleben in den Zeiten der Öko-Diskussion einen neuen Boom. Auch der Buddhismus gilt in vielen europäischen Kreisen als chic.

Wer aber die biblische Tradition ernst nimmt, kommt an der Kirche nicht vorbei. Zwar offenbart sich der biblische Gott auch regelmäßig einzelnen Menschen, doch immer steht die Gemeinschaft im Mittelpunkt der Beziehung zwischen Gott und Mensch. Zunächst ist da der Weg Gottes mit seinem Volk Israel. Auch die christliche Kirche, die sich zwar in einem schmerzhaften Prozess vom Judentum lossagte, hat ihre Beziehung zu Gott immer an der Beziehung Gottes zu Israel orientiert.

Die beiden grundlegenden Sakramente des Christentums verweisen auf die Gemeinschaft. Mit der Taufe wird jeder Mensch in den Kreis der Glaubenden, die Kirche, aufgenommen. Ein sinnfälligeres Symbol für die Gemeinschaft im Glauben ist das Abendmahl. Und außerdem heißt es im wichtigen Apostolischen Glaubensbekenntnis: „Ich glaube an die heilige christliche Kirche." Damit ist ausgedrückt, dass Kirche und christlicher Glaube nicht nur organisatorisch-praktisch, sondern wesentlich zusammengehören.

Den christlichen Glauben können Menschen nicht nur allein leben. Um ihn zu bekennen und zu festigen, benötigen sie, wenn auch nicht immer, die Gemeinschaft. Die Erfahrung zeigt: Nur das zu tun, zu denken und zu glauben, was einem selbst in den Sinn kommt, ist vielleicht eine Zeit lang, aber nicht ein Leben lang befriedigend. Eine „Erschöpfung von der Liebesaffäre mit sich selbst" diagnostiziert der evangelische Theologe Fulbert Steffensky (1998) beim modernen Menschen. Allen Lebenssinn aus sich selbst zu ziehen, das macht unglücklich. Deshalb plädiert er für einen Glauben mit der Kirche. Er ist überzeugt: „Man lernt seinen Glauben, seine Lebenshoffnung und das Vertrauen auf die Güte des Lebens, indem man nachsprechen lernt, was man erst halb glauben kann.“ Glaube braucht eben Vorbilder und gemeinsame Erfahrungen.

Die Kirchen verlangen keinen bedingungslosen Gehorsam mehr. Sie haben gelernt, die Individualität des modernen Menschen zu achten und zu respektieren. Zum Glück kann heute jeder Mensch selbst bestimmen, wie viel Nähe oder Distanz zur Kirche er will. Das gibt ihm die Möglichkeit, sich in aller Freiheit dem Schatz der kirchlichen Tradition zu nähern. Ob nur auf Sichtweite oder ganz nah dran – das bleibt jedem selbst überlassen.

So gilt immer noch, was Cyprian von der Kirche sagte: Sie ist die Mutter, die den Glauben nährt, stützt und ihm Raum gibt. Aber sie ist keine strenge, strafende und klammernde Mutter mehr, sondern eine freundliche, helfende und bergende Mutter.

REINHARD MAWICK

Wer meint, dass sich Demut nur im Kniefall vor dem Herrn ausdrückt, irrt. Denn mit Unterwürfigkeit hat die Demut des Siegers nichts gemein

Demut – eine überholte Tugend?

Als sich Papst Johannes XXIII. (1958–1963) einmal wieder vor Schlaflosigkeit auf seinem Lager wälzte, weil er meinte, dass ihn große Sorgen und Probleme quälten, erschien ihm ein Engel im Traum und sagte: „Nimm dich nicht so wichtig, Giovanni!“ Seitdem, so erzählte der Papst, ginge es ihm viel besser. Von dieser Art von Demut erzählt man gern, ja, sie gilt selbst heutzutage als „cool“. In unserem Alltag sieht es aber oft anders aus. Wenn zum Beispiel Politiker einmal Fehler öffentlich zugeben, dann schreiben Zeitungen häufig von einer „ungewohnten Demutspose“. Das zeigt: Demut ist ein Haltung, die eher gering geschätzt wird und um deren Befleißigung man sich nicht reißt.

Die Abneigung gegen die Demut ist verständlich, denn der Begriff ist zwiespältig. Im Namen der Demut wurden jahrhundertelang wie selbstverständlich Unterordnung und Unterwerfung gefordert. Diese negative Bedeutung liegt im germanischen Wortursprung begründet: „Diemüete“ bezeichnet noch im Mittelhochdeutschen die Gesinnung von Gefolgsleuten gegenüber ihrem Lehnsherrn, den Vorgang, dass man vor einem Herrn niederzuknien und auf Befehle zu warten hatte.

Die irischen Missionare, die im frühen Mittelalter das Christentum zu den Germanen brachten, übersetzten den lateinischen Begriff „humilitas“ aus der Bibel genau mit diesem Wort, das die Unterwürfigkeit gegenüber dem Lehnsherrn zum Ausdruck brachte. Die Wortwahl hatte weitreichende Folgen: Im Namen der Demut wurden Menschen bedrängt, unterdrückt, eben im abwertenden Sinne gedemütigt. Viele, besonders Frauen, hatten unter Männern zu leiden, die sich zu Sachwaltern ihrer Demut aufschwangen. Damit aber wurde der eigentliche Sinn der biblischen Demut verfehlt, denn der liegt in der Freiwilligkeit. Demut im biblischen Sinne kann niemals eine erzwungene Unterwerfung sein, sondern sie ist eine persönlich entwickelte und gewollte Lebenshaltung. Zu wahrer Demut gehört unverzichtbar die autonome Entscheidung des Einzelnen.

Die Verknüpfung von Gottesliebe, Nächstenliebe und Selbstliebe ist der Schlüssel für eine recht verstandene christliche Demut, die nicht zur Selbsterniedrigung um der Selbsterniedrigung willen führt. Sie findet ihren Kern in dem Satz Jesu: „Du sollst den Herrn, deinen Gott, lieben von ganzem Herzen (…) und deinen Nächsten wie dich selbst.“ (Markus 12, 30 f.)

Immer wieder haben die Menschen versucht, Demut aktiv herbeizuführen, zum Beispiel in Form von mechanisch vollzogenen Bußübungen oder strengster Askese. Ein Weg, der häufig in Orden und anderen engen religiösen Gemeinschaften gesucht wird. Auch Martin Luther (1483–1546) hatte sich in seiner Zeit als Augustinermönch jahrelang gegeißelt. Aber er erkannte schließlich, dass sein Fasten und seine Selbstgeißelung selbstgerechte „Werke“ waren, die niemandem nutzten – auch nicht Gott, dessen Zorn der junge Luther fürchtete.

Später prägte Luther den Satz: „Rechte Demut weiß nimmer, dass sie demütig ist.“ Das heißt: Demut kann man sich nicht immer wieder von neuem vornehmen, sondern man muss sie als Lebenshaltung annehmen und kultivieren. In diesem Sinne schrieb der Königsberger Dichter Valentin Thilo im 17. Jahrhundert in einem Adventslied: „Ein Herz, das Demut liebet, / bei Gott am höchsten steht; / ein Herz, das Hochmut übet, / mit Angst zugrunde geht; / ein Herz, das richtig ist / und folget Gottes Leiten, / das kann sich recht bereiten, / zu dem kommt Jesus Christ.“

Schon der Apostel Paulus hat das im Ersten Korintherbrief so formuliert: „Denn obwohl ich frei bin von jedermann, habe ich doch mich selbst jedermann zum Knecht gemacht (...)." (9, 19) Demut bedeutet für Paulus ein gehöriges Maß an Zurücknahme des eigenen Willens und der eigenen Interessen, aber diese Zurücknahme erfolgt aus eigenem Willen und eigener Erkenntnis. Zur Demut kann niemand gezwungen werden, sondern zur Demut gelangt der Mensch in einem persönlichen Entwicklungsprozess.

Vielleicht könnte man Demut heute am besten mit der Formel „Respekt vor dem anderen" übersetzen. Dann stellt sich die Frage, ob es nicht längst an der Zeit wäre, die Demut zu rehabilitieren. Macht nicht Demut das Leben menschlicher, weil sie den Blick vom Selbst auf die anderen lenkt? So besehen wäre Demut ein Kontrastprogramm zu dem populären Leitbild „Ich-AG". Demut könnte sogar in der Politik manches zurechtrücken: Sie könnte Politikern helfen zu verinnerlichen, dass sie nicht in erster Linie sich, ihrer Partei und deren Zwecken zu dienen haben, sondern dem Volk, das ihnen ein Mandat übertragen hat.

Demut, das lehrt die jüdisch-christliche Tradition, ist keinesfalls die peinliche Übung des Verlierers, sondern die würdige Geste dessen, der weiß, dass die Welt nicht nur um ihn selbst kreist.

REINHARD MAWICK

David tötet Goliath, ein König
lässt zahllose Kinder ermorden:
An Gräueln und Horror ist
kein Mangel im Buch der Bücher

Ist die Bibel zu grausam für Kinder?

Ein äußerst blutrünstiges Buch, das Hass, Grausamkeiten und Massenmorde als gottgewollte Verhaltensweisen empfehle – so sei die Bibel. Mit dieser Begründung reichte ein Rechtsanwalt beim Berliner Verwaltungsgericht Klage ein. Er wollte gerichtlich erzwingen, dass die Bundesprüfstelle für jugendgefährdende Schriften die Bibel auf den Index setzt.

Die Bibel – ein Horrortrip für Kinder? Das Gericht wies die Klage zurück. Begründung: Die Bibel sei ein kulturgeschichtliches Dokument. Tatsächlich bestimmt die Bibel bis heute unser ethisches Empfinden, auch das der Religionsverweigerer. Nächstenliebe, gleiches Recht für alle, individuelle Menschenwürde – solche Grundsätze mögen wir für universell erachten, doch sie gelten nicht überall auf der Welt.

Schon die prominenteste Geschichte des Christentums, die Leidensgeschichte Jesu (Markus 14–15), ist voller Grausamkeit. Sie beschreibt, wie Soldaten einen Menschen zu Tode foltern. Und doch ist sie die älteste Erzählung, in der das Sterben eines zu Unrecht Verurteilten derart in den Mittelpunkt gerückt wird. In welcher der Verurteilte die ungeteilte Sympathie des Erzählers genießt.

Die Leidensgeschichte Jesu wirkt bis heute auf unsere kollektive Psyche. Sie hat unsere Kultur geprägt: etwa dass wir uns in das Leid anderer hineinversetzen und sie nicht für ihr Unglück verachten oder verspotten. Wer seinen Kindern die Passionsgeschichte erzählt, teilt dieses Erbe auch mit ihnen.

Biblische Geschichten schreiben nicht vor, wie man sich verhalten soll. Sie sind zu Mythen verdichtete Lebensgeschichte. Zum Beispiel die Geschichte von David und Goliath (1. Samuel 17). Der junge David besucht seine älteren Brüder im Krieg. Im Lager gegenüber baut sich der Kraftprotz Goliath auf. Er jagt Davids Brüdern und deren Soldatenkollegen Angst ein. David lässt sich nicht einschüchtern. Mit einer Steinschleuder tritt er vor den Riesen und besiegt ihn. Die Geschichte endet brutal. David schlägt Goliath mit dessen Schwert den Kopf ab.

Die Pointe dieser Geschichte liegt nicht im grausamen Schluss. Erwachsene dürfen sie nicht auf die brutale Szene reduzieren. Dann kommt auch kein Kind auf die Idee, mit einer Steinschleuder gegen den nächsten Kraftprotz anzutreten. Kinder verstehen die Geschichte von David und Goliath als Mut-mach-Geschichte. In ihr ist der Kleine der Held. Und der behauptet sich gegenüber dem Großen. „David und Goliath" ist eine Metapher, ebenso wie „Star Wars" und „Jurassic Park". Sie ist keine Anleitung für den Alltag, sondern hat auf andere Weise etwas mit unserer Wirklichkeit zu tun.

Die Bibel ist ein Geschichtenbuch, kein Geschichtsbuch. Geschichten können auf einer wahren Begebenheit beruhen, müssen es aber nicht. Sie sind wie ein Spiegel. Sie reflektieren unsere Verhaltensweisen, geheimen Wünsche und Gefühlslagen. Sie verschaffen uns einen Einblick in unsere eigenen Abgründe. Etwa wenn Kain seinen Bruder Abel aus Eifersucht ermordet (1. Mose 4). Oder wenn Petrus seinen Freund Jesus verleugnet, obwohl der sich gerade in größter Gefahr befindet (Markus 14, 66–72).

Die Bibel macht Katastrophen, Gräueltaten und menschliches Versagen zum Thema. Das ist nicht ihre Schwäche, sondern ihre Stärke. Bibelgeschichten können Kindern Orientierung geben. Sie geben ihnen einfache Deutungen an die Hand. Eindeutige Bilder, welche die Grenze zwischen Gut und Böse nicht verwischen. Der böse König Herodes stellt dem Jesuskind nach (Matthäus 2, 13–18).

Herodes fürchtet sich vor Konkurrenten. Er weiß, dass Jesus später ein großer König wird, glaubt, Jesus werde ihm den Thron streitig machen. Deshalb will er ihn töten. Herodes weiß jedoch nicht, in welchem Haus Jesus und seine Eltern wohnen. So fasst er den Plan, alle Kinder von Bethlehem umzubringen. Die Geschichte endet mit einem sinnlosen Massaker. Sie stellt aber auch klar: Der Mörderkönig lehnt sich gegen Gott auf. Und Gott sorgt dafür, dass Jesus mit seinen Eltern entkommt.

Bibelgeschichten sind keine Gute-Nacht-Geschichten. Sie beruhigen nicht, sondern wühlen auf. Wer Kindern Bibelgeschichten erzählt, sollte sich Zeit nehmen, mit ihnen darüber zu reden. In der Sintflutgeschichte (1. Mose 6–9) lässt Gott die böse Welt untergehen. Noahs Familie rettet sich mit den Tieren auf ein Schiff.

Kinder fragen: Warum bauen sich die bösen Menschen keine Schiffe? Darf ich auf das Schiff kommen, wenn ich etwas Böses getan habe? Die Fragen sind so hart wie Fragen über die Wirklichkeit. Eltern müssen sich ihnen stellen. Der Fokus der Geschichte liegt woanders. Sie erzählt von einer Rettung in auswegloser Lage. Nach der Sintflut verspricht Gott, dass er niemals mehr mit Vernichtung strafen will. Wenn Menschen heute so umkommen, ist das gegen Gottes Willen.

BURKHARD WEITZ

Armut und Schwäche sind Jesu Stärke. Sie bewirken, dass ein Jude aus Nazareth als Messias eine welthistorische Wirkung entfaltet

Kam Jesus als Heiland zur Welt?

Eines ist sicher. Nach Jesu Tod erkannten die Jünger in ihrem Lehrer den Heiland. Ob er das auch schon zu Lebzeiten war oder nicht, ist Glaubenssache. Mit wissenschaftlichen Argumenten kann man das nicht entscheiden.

„Euch ist heute der Heiland geboren“, sagt der Engel den Hirten, so steht es im Lukasevangelium. Demnach wurde Jesus bereits zu seiner Geburt als Heiland ausgerufen. Ob sich die Geburt Jesu so zugetragen hat oder ob alles doch ganz anders war, das kann niemand mit letzter Sicherheit entscheiden.

Bibelwissenschaftler verweisen die Weihnachtsgeschichten in das Reich der Legende. Auch als gläubige Christen halten sie die Szene mit den Hirten und dem Engel für eine literarische Fiktion. Sie deuten die Weihnachtsgeschichte als Lehrstück, in dem die ersten Christen von ihrem Glauben erzählen. Und weil die Hirten, die ersten Zeugen der Ankunft des Heilands, damals zu den Ärmsten des Volkes zählten, folgern sie aus der Weihnachtsgeschichte: Jesus kam als Armer unter Armen zur Welt.

Als ein soziales Lehrstück mag die Weihnachtsgeschichte einiges von ihrem Glanz verlieren. Doch sie verliert nichts von ihrer Gültigkeit. Gehen wir einmal davon aus, keiner habe bei Jesu Geburt geahnt, dass dieses Kind eines Tages von seinen Anhängern als Heilsbringer verehrt würde. Und auch in den folgenden Jahrzehnten, zu Lebzeiten Jesu, habe niemand den Mann aus Galiläa für den Heiland gehalten (auch das behaupten viele Bibelwissenschaftler). Gehen wir einmal von dem aus, was als wissenschaftlich gesichert gilt.

Jesus wuchs in Nazareth auf. Mit etwa 30 Jahren trat er als jüdischer Prophet, als Lehrer und Heiler auf. Seine Anhänger waren einfache Leute: Bauern, Fischer, kleine Steuereintreiber. Irgendwann griffen ihn römische Soldaten als Rädelsführer eines vermeintlichen Aufstandes auf. Jesus kam vor Gericht, wurde verurteilt und starb den Tod eines überführten Rebellen: am Kreuz. Damit hätte dieses Kapitel abgeschlossen sein können. Ein Prophet hatte sein Leben ausgehaucht. Seine Anhänger waren verstreut.

Als am dritten Tag nach Jesu Kreuzigung Frauen an sein Grab kamen, berichten die Evangelien, war es leer. Von nun an heißt es, Jesus sei von den Toten auferstanden. Ob das stimmt, lässt sich wiederum nicht beweisen. Das Erste, was sicher über die Anfänge des Christentums bekannt ist: Plötzlich waren Menschen überzeugt, dass Jesus lebt und seine Lehre weitergeht. Sie beteten zu ihm als Herrn und als Gottes Sohn.

Dass man ausgerechnet Jesus von Nazareth für den Heiland hielt, darin liegt die eigentliche Revolution des Christentums. Obwohl er äußerlich keine messianische Figur abgab, ja sogar am Kreuz umkam, nannten ihn die Jünger „Christus". Das ist die griechische Übersetzung des hebräischen Wortes „Messias", Gesalbter.

So, wie der Messias dem Volk Israel in der jüdischen Bibel, dem „Alten Testament", angekündigt wird, hätte er ein später Nachfahre des legendären Königs David sein müssen. Als überlegener Herrscher hätte er die politische Unabhängigkeit Israels wiederhergestellt und die römischen Besatzer vertrieben. Doch stattdessen predigte Jesus Frieden und dass man seine Feinde lieben soll. Als klassischer Messias hätte Jesus für die Einhaltung der religiösen Gesetze sorgen müssen. Stattdessen verstieß er gegen biblisches Gesetz und behauptete, der Sabbat sei für den Menschen da und nicht umgekehrt. Aus traditioneller Sicht war Jesus eher ein Antimessias.

Die Jünger waren sich trotzdem sicher: Gott selbst hat durch Jesus gesprochen, nicht durch einen mächtigen gesalbten König, sondern durch einen Propheten, der am Kreuz geendet war. Den Messias Jesus zeichnete seine Schwäche aus, nicht seine äußerliche Stärke. Diese Umkehrung der Werte haben die Jünger von Jesus übernommen. Der hatte gelehrt: Der Mensch dient Gott, wenn er sich Menschen zuwendet, denen es an Selbstvertrauen gebricht und denen Selbstgerechtigkeit fern liegt.

Auch die Weihnachtsgeschichten schildern Jesus als schwachen Messias. Ihnen zufolge ist Jesus in Bethlehem als Spross des Königs David geboren und entsprach daher den äußeren Anforderungen für einen Messias. Aber er kam in Armut zur Welt. Nicht der Hofstaat des Herodes oder fromme Priester waren bei seiner Geburt zugegen, sondern arme Hirten und heidnische Sterndeuter, die „Weisen aus dem Morgenlande".

Wenn Christen bekennen, Jesus ist der Heiland, widersprechen sie allen Gesetzen des äußerlichen Erfolgs. Sie halten dagegen: Der Wert eines Menschenlebens ist nicht an Erfolg und Einfluss zu messen. Gott offenbart sich in den Armen, Schwachen und Hilflosen. Jesus, der Heiland, hat das Gesetz der Stärkeren überwunden.

BURKHARD WEITZ

Im Kern des christlichen Glaubens steht ein Folterinstrument, am Anfang aller Gemeindegründungen der Tod eines Menschen. Das weckt zwiespältige Gefühle

Was wäre das Christentum ohne das Kreuz?

Mit den Jahren sind die Kreuze gewachsen. Vor zwei Jahrzehnten baumelten sie, nur wenige Zentimeter groß, an den Halsketten von Schülerinnen und Konfirmanden. Inzwischen verfügen sie über fingergroße Balken und haben so den Weg in die TV-Verkaufssendungen gefunden.

Paradoxerweise war es gerade die Popgröße Madonna, die sich mit solchem Schmuck als Trendsetter hervortat – paradox deshalb, weil die eigentliche Madonna, nämlich Jesu Mutter, nach Auskunft der Bibel voller Schmerzen beim Kreuz stand, an dem ihr Sohn hing. Niemand hätte es so unerträglich wie sie empfunden, sich mit den Balken dieses Mordwerkzeuges zu schmücken.

Kreuz und Kreuzigung sind populär. So populär, dass man sie in einer Fernsehserie erleben durfte. Das Enfant terrible der deutschen Bühnen, Regisseur Christoph Schlingensief, konnte an diesem Symbol nicht vorüber, ohne es medial zu nutzen. Die inzwischen als Kultfilme geltenden Streifen seiner MTV-Reihe „U 3000" zeigen Absurdes: In einem Berliner U-Bahn-Zug auf Nachtfahrt geht es drunter und drüber. Schreie erfüllen die Luft. Zwischen den Sitzbänken schiebt sich ein Mensch mit einem Kreuz auf den Schultern hindurch. Auf den Boden wirft Schlingensief erst das Kreuz, dann den Mann. Hammerschläge ertönen, Nägel fahren ins Holz. Und während im Hintergrund die pudelbewehrten Jakob Sisters und die Söhne Mannheims ihre Lieblingssongs anstimmen, verfällt die ganze U-Bahn-Besatzung in Sprechchöre: „Kreuzige! Kreuzige!" Der

Regisseur sucht als U-Bahn-Schocker die Wellness- und Wohlstandsgesellschaft aus ihrem Trott zu reißen.

Den frühen Christen wäre es nie in den Kopf gekommen, das Kreuz der Effekte wegen auf den Markt zu tragen. Zu sehr verknüpfte sich mit diesem Folterinstrument die Erinnerung an den völligen Tiefpunkt des Lebens Jesu. Auch wenn diesem Tiefpunkt nach drei Tagen, am Ostermorgen, die Auferstehung folgte. Den frühen Christen ist ein ausgeprägtes Bewusstsein dafür geblieben, wie eng Tod und Auferstehung beieinander liegen.

Doch wie begründen die Christen, dass Jesus am Kreuz sterben musste? Der schlimmste Verdacht: Geschah es auf Anordnung seines Vaters? Steht Gott also auf Blut? Hat er kein Herz, dass er seinen eigenen Sohn opfert, um die Menschen zu erlösen?

Unstrittig ist nach den Auskünften der Evangelien, dass Jesus seinen Tod letztlich freiwillig auf sich nahm. Er verbat seinen Jüngern sogar, ihn mit Waffengewalt zu verteidigen und sich zur Wehr zu setzen. Doch warum sein Tod einen so hohen Stellenwert bekommen sollte, ist nicht mit einfachen Worten zu sagen. Dazu gibt es in der Bibel drei unterschiedliche Erklärungen, die alle auf eigenen Quellen beruhen.

Eine von ihnen: Jesus, der mit allem Nachdruck die von Gott abgefallene jüdische Bevölkerung zu Umkehr und Gesetzestreue aufrief, starb den Märtyrertod eines Propheten. Er hatte die Menschen gegen sich aufgebracht.

Eine zweite Erklärung für die Ermordung Jesu hat ihren Ursprung in der pädagogischen Unterweisung, in der Katechese der frühen Gemeinden. Ihre Lehrer und Prediger suchten die Zumutung der Kreuzigung dadurch erträglicher zu machen, dass sie sie als notwendige Etappe in den göttlichen Geschichtsplan einbetteten. „Der Menschensohn musste vieles leiden", so heißt es in den entsprechenden Passagen der Bibel. Dieses „Müssen" bedeutet aber nur, dass sich Jesus nicht den endzeitlichen, apokalyptischen

Abläufen entziehen konnte. Es ist nicht die Rede davon, dass der Tod dem Ziel oder Zweck diente, die Menschheit zu retten, zu erlösen.

Bleibt die dritte Erklärung des Todes Jesu, und hier kommen wir in schwierigere Gefilde: die des „Sühnetodes" für die Menschen. Dass Jesus für uns Menschen und um unserer Sünden willen starb, dass er sich als „Lösegeld" für die Menschen gab: Was ist damit gemeint? Machen wir Menschen uns etwa mitschuldig am Tod Jesu?

Es gibt eine Formulierung im Markusevangelium (10, 45), die solche Spekulationen in ein anderes Licht setzt. Jesus sprach viel mit seinen Freunden über das, was nach seinem Tod kommen würde. Dabei sagte er auch: „Auch der Menschensohn ist nicht gekommen, um bedient zu werden, sondern um zu dienen und sein Leben zu geben als Lösegeld für viele." Diese Auskunft ist entscheidend: Das ganze Leben Jesu dient unserer Erlösung. Es zeigt in seiner Radikalität einen völlig neuen Lebensstil: andere nicht für eigene Zwecke zu missbrauchen, sondern für seine Mitmenschen unerschütterlich da zu sein.

Es geht da also nicht um geheime Befehle des Vaters an den Sohn oder um die magische Erlösungswirkung von Blut und Tränen, sondern um Jesu Selbstverständnis insgesamt. Um es mit dem Heidelberger Theologen Klaus Berger (1995) zu sagen: „Der Tod Jesu ist nur Teil seines Dienens, wenn auch ein konsequenter und wichtiger. Ein Starren auf den Tod Jesu hingegen trägt einen Zug in das Christentum hinein, nach dem nur noch Leiden und Martyrium als Nachfolge Jesu sinnvoll wären. Das war nicht im Sinne Jesu, wie es Markus berichtet."

EDUARD KOPP

Das Wort klingt nach Schuld und Strafe. Dabei ist die Gnade Gottes für Christen ein Lebenselixier. Und obendrein erhält der Mensch sie als Geschenk

Geht es nicht auch ohne Gnade?

Ein junges Paar will heiraten und besucht den Pfarrer. Der fragt nach der Begrüßung: „Haben Sie sich schon einen Trauspruch ausgesucht?" – „Ja, eigentlich schon", sagt die Frau, „aber..." Der Mann unterbricht sie: „Eigentlich geht der nicht!" – „Doch", widerspricht die Frau, „der muss gehen!" Sie hatten sich einen Vers aus dem 54. Kapitel des Buches Jesaja ausgesucht: „Es sollen wohl Berge weichen und Hügel hinfallen, aber meine Gnade soll nicht von dir weichen, spricht der Herr, dein Erbarmer."

„Wo liegt das Problem?", fragt der Pastor. Der Mann sagt, das mit der „Gnade" müsse ja nicht sein. „Da muss ich immer an einen König denken, vor dessen Thron ein Strauchdieb gezerrt wird, und der König lässt Gnade vor Recht ergehen und schlägt dem Dieb nur eine Hand ab statt beider."

Das Wort Gnade hat keine Konjunktur in dieser Zeit. Es klingt schwächlich. Heute wollen die Menschen souverän sein, allenfalls selbst einmal Gnade gewähren, aber nicht auf die Gnade anderer angewiesen sein. Aber: „Gnade" ist ein, wenn nicht sogar das Hauptwort der christlichen Tradition. Ein Unwort für moderne Menschen?

Besonders in der Theologie des Apostels Paulus spielt „Gnade" (griechisch: charis) die überragende Rolle: Einhundert Mal kommt es in den Briefen dieses Apostels vor, nur halb so oft im ganzen übrigen Neuen Testament. Immer wieder schärft Paulus ein: Dass wir leben können und dürfen, ist ein reines Geschenk der Gnade Gottes. In polemischer Abgrenzung gegen das zeitgenössische Judentum mit seinem Opferkult behauptete der rastlose Apostel: Gnade ist ein Geschenk. Wir können nichts, rein gar nichts selbst dazu beitragen. Wir können Gott nicht gnädig stimmen, zum Beispiel durch Opfer, sondern wir empfangen alles aus der Güte Gottes. Sehr prägnant hat Paulus das im Ersten Korintherbrief (4, 7) formuliert: „Was hast du (Mensch), das du nicht empfangen hättest? Und hast du es empfangen, was rühmst du dich wie einer, der nicht empfangen hat?"

Seither gab es immer wieder in der Kirchengeschichte Auseinandersetzungen darüber, was es mit dem Empfang der göttlichen Gnade auf sich habe. Ob man nicht doch etwas tun müsse, damit die Gnade wirken könne? Ob man nicht den übergroßen, allmächtigen Gott doch durch gute Werke gnädig stimmen müsse, quasi als Zünglein an der Waage, um Gnade für sein Leben zu erlangen? Den jungen Mönch Martin Luther (1483–1546) quälte die Frage sehr: „Wie bekomme ich einen gnädigen Gott?" Die Kirche seiner Zeit bot Ablassbriefe an und „verkaufte" so ewiges Seelenheil. Daran konnte und wollte Luther nicht glauben. Nach langen inneren Kämpfen kam der junge Mönch zu der erlösenden Erkenntnis: Er muss sich den gnädigen Gott nicht verdienen, im Gegenteil: Gott ist gerade dem Sünder gnädig, dem Menschen, der unvollkommen ist.

In der Moderne verliert Luthers Antwort an Strahlkraft, denn die Frage nach dem „gnädigen Gott" wich zwei anderen Fragen. Erstens: Gibt es Gott? Wer diese Frage, aus welchen Gründen auch immer, für sich verneint, steht sogleich vor der zweiten Frage: Was ist der Sinn meines Lebens? Die meisten modernen Menschen haben den Ehrgeiz, den Sinn ihres Lebens selbst zu „machen" und zu bestimmen. Selbstbestimmung gilt durchweg als positiver Begriff. Ein Leben aus Gnade scheint diesem Lebensgefühl entgegenzustehen. Das ist der Grund, weshalb der Bräutigam auch das Bibelwort der Gnade als Trauspruch ablehnte. Hat er Recht?

Viele religiöse Begriffe scheinen heute überholt zu sein. Aber in Wirklichkeit kommt es darauf an, ihren tiefen, eigentlichen Gehalt neu zu erschließen. Gelingt dies, dann hat religiöse Sprache auch den Menschen etwas zu sagen, die von sich meinen, Religion sei für sie ohne Bedeutung. Das Wort Gnade steht so für eine Grunderfahrung menschlichen Lebens: Das, wovon wir eigentlich leben, können wir weder kaufen, herstellen noch verdienen – nicht die Liebe noch die Freundschaft, nicht die Anerkennung noch Vergebung anderer Menschen. Die elementare Erfahrung, dass uns das Wesentliche im Leben geschenkt wird, ist der Kern der christlichen Rede von der Gnade.

Erfahrungen der Abhängigkeit und Fremdbestimmung macht jeder Mensch, egal aus welcher Tradition er kommt. Natürlich kann er sie auch als reinen Zufall oder als Schicksal beschreiben. Christen glauben, dass sie aus Gnade leben. Mögen da Berge weichen oder Hügel fallen.

REINHARD MARWICK

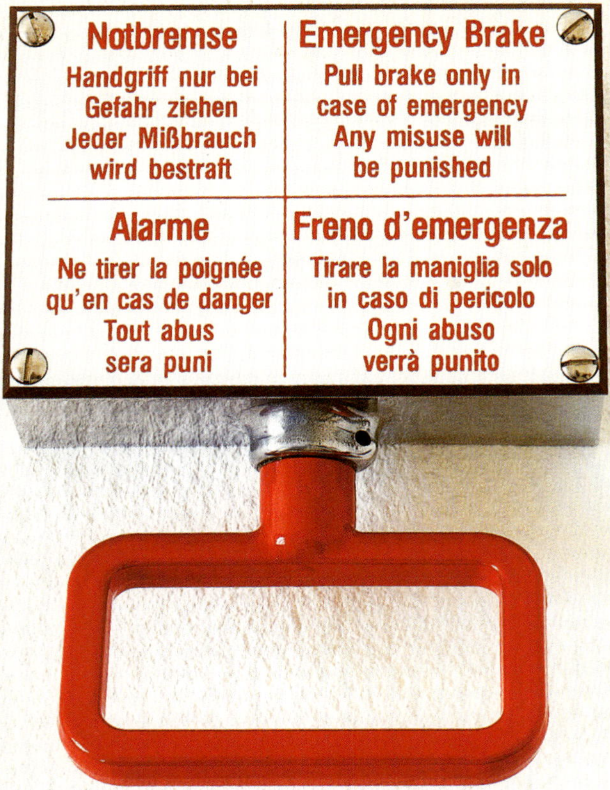

Eine Katastrophe passiert – und hinterlässt die Menschen voller Fragen. Wenn Gott tatsächlich Himmel und Erde beherrscht, dann sollte er doch wohl auch einen Terroranschlag aus der Luft oder ein Bahnunglück verhindern können ...

Ist Gott allmächtig?

„Großer Gott, steh uns bei!" Diese Schlagzeile, mit der am Tag nach den Terroranschlägen von New York und Washington am 11. September 2001 die „Bild"-Zeitung erschien, war vielen Menschen aus dem Herzen gesprochen. Hilf- und sprachlos hatten sie vor dem Fernseher gesessen, fassungslos angesichts des Ausmaßes der Katastrophe, voller Mitleid für die betroffenen Opfer und ihre Familien. Als Schlagzeile ein Stoßgebet, wie es eindrücklicher nicht sein kann.

„Wo warst du, lieber Gott, in Eschede?" So hatte ein Boulevardblatt noch im Juni 1998 getitelt, nachdem der ICE Wilhelm Conrad Röntgen bei Eschede 101 Menschen in den Tod gerissen hatte. Fahrgäste, die damals in den vorderen Wagen fast unverletzt überlebten, sagten den Journalisten später: „Gott hat mich vor dem Tod bewahrt." Die Angehörigen derer, die in den Trümmern der Wagen zu Tode kamen, hingegen fragten sich verzweifelt: „Warum hat Gott uns dies angetan? Warum hat er diese Katastrophe nicht verhindert? Konnte er nicht in letzter Minute die Notbremse ziehen?"

„Wo warst du, Gott?" – „Gott, steh uns bei!" Das sind zwei ganz und gar unterschiedliche Weisen, mit einer Katastrophe umzugehen: hier die quälende Frage nach der Allmacht Gottes („Warum lässt ein liebender, allmächtiger Gott diese Katastrophen zu?"), dort ein vertrauensvolles Gebet. Hier ein philosophisches, logisch letztlich unlösbares Problem, dort ein Bekenntnis. Die Weise, wie Kirche und Öffentlichkeit das Inferno von New York und Washington zu bewältigen suchen, zeigt die Stärke des zweiten Weges: „Du wirst alle Tränen von den Augen abwischen", zitierte Bischöfin Margot Käßmann. Und angesichts der aus den Hochhäusern stürzenden Menschen drückte Bischof Wolfgang Huber die tiefe Hoffnung aus, dass wir Menschen „nicht tiefer fallen können als in Gottes Hand".

Danach ist es wieder still geworden um die komplizierte Allmachtstheologie. Und dennoch: Alle christlichen Glaubensbekenntnisse formulieren, dass Gott allmächtig ist. Die Worte im Apostolischen Credo lauten: „Ich glaube an Gott den Vater, den Allmächtigen, Schöpfer des Himmels und der Erde." Eine schwere theologische Bürde, weshalb die Suche nach Neuformulierungen voll im Gange ist. Seit dem Deutschen Evangelischen Kirchentag 1999 in Stuttgart ist der Streit über das Bekenntnis zur Allmacht Gottes nicht zur Ruhe gekommen. Damals beteten die Protestanten ersatzweise: „Ich glaube an Gott, der die Liebe ist (...)." Doch inzwischen ist klar: Das heikle, den Juden und Muslimen wichtige Bekenntnis zu Gottes Allmacht lässt sich nicht einfach wegwischen.

Sicherlich hatte dies seine große historische Bedeutung zur Abgrenzung von anderen Religionen und Denkströmungen der Antike. Es diente als Stütze für den Monotheismus, den Glauben an einen einzigen Gott, gegen die unordentlichen Verhältnisse im griechischen und römischen Götterhimmel, wo etliche höhere Wesen gegeneinander kämpften. Doch für die Menschen der Moderne enthält die Vorstellung von Gottes Allmacht zu viele unerträgliche logische Widersprüche.

Dass Gott für ein von Menschen verursachtes Unglück direkt verantwortlich ist, lässt sich zumindest logisch ausschließen. Gott hat nach biblischem Bekunden eindeutig freie Menschen erschaffen. Warum und wie sollte er sie dann lenken wollen, ihre Eigenverantwortung durchkreuzen? Die Logik versagt allerdings kläglich, wenn Menschen wahllos und ungerecht zu Opfern werden. „Warum gerade ich?" – diese Frage ist prinzipiell nicht mit Logeleien, sondern nur mit Handeln zu beantworten: durch Hilfe, Zuneigung, Trost.

Gottes Allmacht ist im Neuen Testament (anders als im Alten) kein zentraler Begriff. Das kennt zurückhaltendere Formeln, zum

Beispiel diese: „Alle Dinge sind möglich bei Gott.“ (Markus 10, 27) Dreh- und Angelpunkt des christlichen Glaubens ist etwas anderes als die Omnipotenz: Dieser Gott ist in seinem Sohn verfolgt, verurteilt, gekreuzigt worden – aus Liebe zu den Menschen. Die Nähe zum Menschen, nicht die Herrschaft über ihn: Das ist seine Dimension.

Hans Jonas, jüdischer Philosoph und Autor, dessen Mutter im KZ getötet wurde, zog 1984 eine harte Konsequenz aus dem millionenfachen Judenmord im Holocaust. Er strich ein für alle Mal die Allmacht Gottes aus seinem Denken. Viele Christen halten gleichwohl an ihr fest. Anderen sind die Prinzipien der Liebe, des Vertrauens und der Geborgenheit für ihr Leben wichtiger.

EDUARD KOPP

Gut soll es euch ergehen!
Von Gefahren sollt ihr verschont bleiben
und eine tiefe, treue Liebe erleben!
Fromme Wünsche wie diese machen
Menschen stark und zuversichtlich

Was geschieht beim Segen?

„Unseren Segen habt ihr", sagen die Eltern. Beglückt schreitet das Brautpaar an die Stufen des Altars. Dort legt der Pfarrer seine Hände auf ihre Häupter und segnet sie in Gottes Namen. Nach der Trauung gibt auch die Verwandtschaft ihren Segen dazu. Denn beim Bund fürs Leben zählt vor allem eins: Alles ist zum Besten bestellt, wenn Segen auf der Ehe liegt. Hängt aber der Haussegen schief, droht handfester Ehekrach – allen Wünschen zum Trotz.

An wichtigen Wendepunkten im Leben bitten wir um Schutz und Sicherheit, wünschen uns, dass wir gesund bleiben, glücklich sind und uns untereinander vertragen. Mit einem Wort: Wir bitten um Segen.

Nicht nur zu besonderen Anlässen, auch in ganz alltäglichen Floskeln sprechen wir Segenswünsche aus, manchmal sogar ohne es zu bemerken. Wir sagen „Adieu!", was auf Deutsch so viel heißt wie „Gott befohlen" oder „Gott möge dich behüten". Und wenn sich Angestellte und Arbeiter um die Mittagszeit ein „Mahlzeit" zubrummen, ist selbst in diesem knappen Gruß eine Segensbitte versteckt. „Gesegnete Mahlzeit" heißt der Zuruf vollständig. Auch auf dem Essen soll Segen liegen.

Doch was genau tut einer, der segnet? Solange uns niemand fragt, glauben wir zu wissen, was es mit dem Segen und dem Segnen auf sich hat. Wir sprechen Segenswünsche aus, als wären sie die natürlichste Angelegenheit der Welt. Dass ein Pfarrer segnet, nehmen wir als selbstverständlich hin – Segnen gehört zum Pfarrer wie die Kelle zum Maurer. Doch wenn uns jemand fragt, was denn nun genau beim Segen geschieht, sind wir meist ratlos.

Eines ist sicher: Wenn ein Pfarrer jemandem die Hand auf den Kopf legt und ihn segnet, meint er mehr als: „Mach's gut und viel Glück." Natürlich kann der Pfarrer mit seinem Segen nicht Glück und Wohlergehen herbeizwingen. Der Segen liegt irgendwie dazwischen: Er ist mehr als ein lapidarer Glückwunsch und weniger als ein magisches Ritual.

Im Lateinischen heißt segnen „benedicere", wörtlich übersetzt: gutsprechen. Das Gegenstück dazu ist „maledicere", zu Deutsch: schlechtsprechen, also verfluchen. Das Lateinische lässt erkennen, dass segnen und verfluchen vom Prinzip einander sehr ähnlich sind. Wer einen Menschen segnet oder verflucht, will Einfluss auf dessen Zukunft nehmen. Mit dem einen großen Unterschied: In der beabsichtigten Wirkung sind Segen und Fluch kaum gegensätzlicher zu denken. Ein geschickt inszenierter Fluch kann einen Menschen außerordentlich stark verunsichern. Er kann ihn im Extremfall so destabilisieren, dass dieser Mensch tatsächlich Unheil auf sich zieht. Das Ganze ist ein psychologischer Mechanismus, den sich schwarze Kulte zunutze machen.

In der Kirche gibt es keine Fluchrituale. Das Christentum soll Menschen stabilisieren, nicht verunsichern. Auch beim Segen im christlichen Umfeld gibt es eine psychologische Komponente. Sie ist schwerer zu erkennen als beim Fluch, denn es ist leichter, Menschen psychisch zu vernichten als sie aufzubauen. Beim Segen legt der Pfarrer die Hände beschützend über einen Menschen. Oder er hält die Handflächen, nach unten geöffnet, symbolisch über die ganze Gemeinde. Manche Menschen fühlen sich dabei sicher und behütet. Manche finden diese Geste beruhigend. Es ist für viele Menschen ein besonders würdevoller Moment des Gottesdienstes.

Wichtig zu wissen ist: Nach evangelischem Verständnis kann man Menschen segnen, nicht aber unbeseelte Dinge. Autos, Erntemaschinen, Bauwerke können keinen Segen empfangen, lediglich die Menschen, die mit ihnen umgehen. An katholischen Kirchweihen beteiligen sich evangelische Pfarrer nur aus Respekt vor der katholischen Schwesterkirche. Doch auch hier gilt: Nicht den Mauern der Kirche gilt der Segen, sondern den Menschen, die sich zwischen ihnen bewegen.

Am wichtigsten jedoch ist: Niemals geht der Segen vom Pfarrer oder einem anderen Menschen aus. Der Segen kommt von Gott. Das betonen alle Segensbitten, auch die bekannte Segensformel aus dem Alten Testament: „Der Herr segne dich und behüte dich. Der Herr lasse sein Angesicht leuchten über dir und sei dir gnädig. Der Herr erhebe sein Angesicht auf dich und gebe dir Frieden." (4. Mose 6, 24–26)

Wenn ein Pfarrer segnet, macht er den göttlichen Segen lediglich sichtbar. Er zeichnet dabei mit der rechten Hand die beiden Balken des Kreuzes nach, sei es als Zeichen vor der Gemeinde, sei es auf die Stirn eines Menschen. Diese Geste macht deutlich: Der Segen kommt von Gott, der in der Person Jesu Christi gekreuzigt wurde und von den Toten auferstand. Nach evangelischem Verständnis kann jeder Christ segnen. Jeder Christ ist von der Gnade Gottes berührt.

BURKHARD WEITZ

„Von Englein bewacht", wie es in einem Gutenachtlied heißt, wäre jeder gern. Als unsichtbare Begleiter scheinen Engel den Menschen zur Seite zu stehen

Haben wir alle einen Schutzengel?

Ein beliebtes Postkartenmotiv aus der Kaiserzeit zeigt zwei pausbäckige Kinder, die selbstvergessen auf einer Blumenwiese spielen. Erst auf den zweiten Blick sieht man, dass beide am Rande eines Abgrunds stehen. Doch ein leuchtend weißer Schutzengel mit riesigen Flügeln flankiert die Kinder und hält schützend seine Hände über sie.

In den zwanziger Jahren wurde dieses Bild aus den Kinderstuben verbannt. Denn den Menschen des von Weltkriegen, Inflation und Diktatur geplagten 20. Jahrhunderts erschien der Engelsglaube naiv. Erst in den achtziger Jahren kamen die Engel in ihren unterschiedlichsten Funktionen wieder in Mode, zunächst als Lichtwesen der Esoterik, seit den Neunzigern auch als Barockputten.

Inzwischen kursiert sogar wieder die Postkarte aus der Kaiserzeit. Schutzengel haben Hochkonjunktur. Nach einer Umfrage des Allensbacher Meinungsforschungsinstitutes glaubt jeder zweite Deutsche an ihre Existenz. Wer einen Schutzengel um sich wähnt, fühlt sich behütet. Er glaubt, einen unsichtbaren Begleiter zu haben, der bei Gefahr einspringt, der Wärme verströmt und den harten, eintönigen Alltag erleichtert. Wenn sich der Mensch dann doch mal hilflos und einsam fühlt, dann glaubt er eben, der Schutzengel habe ihn kurzzeitig verlassen. Kurzum: Der Schutzengel ist eine volkstümliche Metapher für das Gefühl des Behütetseins. Mehr nicht?

Der Psychoanalytiker und katholische Theologe Eugen Drewermann hat in einem Interview mit der Zeitschrift „Geo“ (12/2000) gesagt: „Jeder Mensch trägt in sich ein bestimmtes Bild, einen bestimmten Ton, ein bestimmtes Wort, das er zum Gemälde, zur Symphonie, zum Gedicht ausgestalten muss. Nur dafür lebt er. Ein Mensch, der begreift, wozu er da ist, wäre nach mythologischer Sprachweise begleitet und geführt von seinem Engel." Im Engel begegnet uns demnach ein inneres Gegenüber, das uns anspornt, unseren Weg im Leben zu gehen, und der Sinngeber, der uns hilft, die Scherben zerbrochener Illusionen neu zu einem sinnvollen Gebilde zusammenzufügen und Niederlagen einen Sinn abzugewinnen.

Auch die biblischen Engel kann man als inneres Gegenüber deuten. Sie treten in den Geschichten stets als Gottesboten auf, als Botschafter des ganz Anderen. Die Engel der Bibel bestätigen die Menschen nicht bloß in dem, was sie sind. Sie kritisieren und provozieren auch. So fordert ein Engel den Propheten Elia auf, sein missionarisches Wirken fortzusetzen, als der sich aus Angst vor den Herrschern versteckt und am liebsten sterben möchte (1. Könige 19). Andere Engel setzen den Menschen Grenzen, wie jene aus der Schöpfungsgeschichte, die Adam und Eva mit einem Flammenschwert den Rückweg ins Paradies versperren (1. Mose 3, 24). Selbst wenn die Engel der Bibel gute Nachrichten überbringen, verbreiten sie Angst und Schrecken. „Fürchtet euch nicht!", beruhigt der Weihnachtsengel die Hirten auf dem Felde, bevor er ihnen die Geburt des Heilands verkündet (Lukas 2, 10). Biblische Engel sind also keine Repräsentanten des schönen Scheins.

Anders als der Schutzengel aus der Kaiserzeit, der die Kinder vor dem Sturz in den Abgrund bewahrt, können die Engel der Bibel längst nicht jedes Unglück abwenden. „Wenn du Gottes Sohn bist, so wirf dich von der Zinne des Tempels herab", sagt der Teufel zu Jesus, als er ihn auf die Probe stellt (Matthäus 4, 6). Ihm, dem Gottessohn, werde schon nichts passieren. Zum Beweis zitiert der Teufel einen biblischen Psalm: „Der Herr hat seinen Engeln über dir befohlen, dass sie dich auf den Händen tragen." Jesus antwortet ihm mit einer anderen Bibelstelle: „Du sollst den Herrn, deinen Gott nicht versuchen." (5. Mose 6, 16) Der Glaube an Schutzengel sollte also niemanden zu Leichtsinn und Hochmut verleiten.

Zugleich predigt Jesus ein geradezu kindliches Vertrauen in die Schutzengel. „Seht zu, dass ihr nicht einen von diesen Kleinen verachtet", lehrt er über die Kinder. „Denn ich sage euch: Ihre Engel im Himmel sehen allezeit das Angesicht meines Vaters im Himmel." (Matthäus 18, 10) Das heißt: Jeder Mensch hat einen Engel, und die Engel der Kinder stehen Gott besonders nahe. Kaum einer hat solche Worte besser verstanden als der Theologe und Widerstandskämpfer gegen die Nazis, Dietrich Bonhoeffer. Der fühlte sich noch in der Todeszelle kurz vor seiner Ermordung „von guten Mächten wunderbar geborgen".

Haben wir alle einen Schutzengel? Ganz bestimmt. Unsere Schutzengel haben sogar manches mit ihren biblischen Vorfahren gemein. Diese überbringen Nachrichten von Gott. Unsere Schutzengel erscheinen, wenn uns die Wirklichkeit fremd und feindlich vorkommt. Sie erinnern daran, dass wir in unserem Leben vieles weder beeinflussen noch begreifen können. Und sie vermitteln das Gefühl, trotz allem geborgen und behütet zu sein.

BURKHARD WEITZ

Geschenke bringen sie beide: der vom Nikolaus zum pausbäckigen Zottelbart mutierte Weihnachtsmann wie das Kind in der Krippe. Den Protestanten war der heilige Bischof aus Myra allerdings schon früh ein Dorn im Auge

Was hat der Weihnachtsmann mit dem Christkind zu tun?

1931 erblickte er das Licht der Welt: der Weihnachtsmann mit rotem Kittel und weißem Bart. Es war die Coca-Cola-Company, die den schwedisch-amerikanischen Zeichner Haddon Sundblom beauftragt hatte, einen „Santa Claus" für eine Werbekampagne zu entwickeln. Als Vorlage diente Sundblom das großväterliche Gesicht eines alten Coca-Cola-Verkäufers mit Pausbacken und weißem Bart. Dazu kam dann noch ein feuerroter Mantel mit weißem Pelzbesatz – fertig war die Marke Weihnachtsmann. Unvorstellbar heute, dass damals auch blau gewandete und jugendliche Weihnachtsmänner en vogue waren.

Ob die Getränkefirma, die nicht nur Flaschen-, sondern auch Kulturträger sein will, wirklich den entscheidenden Anstoß zur Entwicklung des rotweißen Weihnachtsmanns gegeben hat, ist Interpretationssache. Es könnte auch schon einhundert Jahre zuvor C. C. Moore mit seinem Gedicht „The night before Christmas" („Die Nacht vor dem Christfest", 1822) gewesen sein. Bereits hier tritt Nikolaus als pausbäckiger, pummliger, alter Kobold in Erscheinung. Und kaum hatte er so literarisch das Licht der Welt erblickt, wurde er schon von zahlreichen Zeichnern ins Bild gesetzt.

Wichtig ist zu wissen: Der Weihnachtsmann ist kein Christkind in anderer Gestalt, sondern eine Fortentwicklung des Nikolaus, eines Heiligen aus der heutigen Türkei, aus der Stadt Myra des vierten Jahrhunderts. Unser „Weihnachtsmann" müsste, wenn er Traditionsbewusstsein hätte, seinen jährlichen Auftritt in der Nacht vom

5. zum 6. Dezember haben, also bereits mit seinem Rentierschlitten heimgekehrt sein, wenn sich Wochen später die Weihnachtskrippe füllt. Ein Weihnachtsmann an Weihnachten hingegen ist ein Fehlläufer.

Nicht nur die Bethlehem-, sondern auch die Nikolauslegenden haben sozialen und religiösen Tiefgang. Zum Beispiel diese Episode: Ein Mann hatte drei „heiratsfähige" Töchter, war aber arm und hätte nie die Kosten für ihre Hochzeiten tragen können. Deshalb bestimmte er eine von ihnen für die Tempelprostitution. Als Bischof Nikolaus davon hörte, überbrachte er ihrem Vater unerkannt einen Beutel Gold, und der jungen Frau blieb die Prostitution erspart. Oder auch diese Geschichte: Die Bevölkerung der Stadt Myra litt einmal unter einer Hungersnot. Da machte ein mit Getreide beladenes Schiff auf der Fahrt nach Rom in der Bischofsstadt fest. Kraft seiner Autorität als Bischof und Christenmensch gelang es Nikolaus, den Spediteur zum Abladen von so viel Korn zu überreden, dass die Bürger von Myra dem Tod entgingen.

Dass im Weihnachtsmann der Kern des Nikolaus steckt, ist heute nicht mehr allgemein bekannt. Bereits seit Beginn des 19. Jahrhunderts hat sich der Nikolaus immer mehr Richtung Weihnachtsmann verweltlicht. Den Protestanten war Nikolaus schon lange vorher ein Dorn im Auge. Sie versuchten, Nikolaus im Rahmen ihrer Heiligenkritik als Gabenbringer zu verdrängen – und förderten damit indirekt die Bescherung zu Weihnachten. Mit der Folge: Vor mehr als vierhundert Jahren begannen die deutschen Städte, ihre Nikolausmärkte in Weihnachtsmärkte zu verwandeln. Dem evangelischen Prinzip der Konzentration auf das Wesentliche, in diesem Fall auf das göttliche Kind in der Krippe, ist die Kirche im Grunde bis heute treu geblieben.

Tatsächlich eignet sich der weiße Rauschebart viel besser als Werbeträger und für freche Gedankenspiele als das Christkind, um dessen korrektes Erdenleben sich die christlichen Kirchen kümmern. Im Internet zum Beispiel kursiert tausendfach eine berühmte Glosse mit dem Titel „Gibt es den Weihnachtsmann?“ Ihre Herkunft ist ungewiss. Studenten einer technischen Hochschule könnten sie geschrieben haben. Sie führen den Nachweis, dass es den Weihnachtsmann mit seiner fliegenden Rentierkutsche eigentlich gar nicht geben kann. Denn: Alle 400 Millionen Kinder christlichen Glaubens rund um den Globus an einem 31-Stunden-Tag (Zeitzonen beachten!) zu beschenken bedeutet eine Wegstrecke von 120 Millionen Kilometern und eine Schlittengeschwindigkeit von 1040 Kilometern pro Sekunde. In Anbetracht der Last – ein Kilo pro Geschenk – sind 216 000 Zugtiere erforderlich. Der Luftwiderstand wäre immens. Das ernüchternde Fazit: „Wenn der Weihnachtsmann irgendwann einmal Geschenke gebracht haben sollte, ist er heute tot.“

Anders als der Weihnachtsmann ist das Christkind von einer Schutzhülle aus frommem Ernst umgeben. So schlecht ist diese Rollenverteilung nicht: Die Wirtschaft hat ihren Weihnachtsmann, das volkstümliche Brauchtum seinen Nikolaus und die aktiven Christen den Sohn Mariens, der schon in jungen Jahren zum Propheten und Lehrer wurde. Am schönsten ist: Die Geschichte vom Christkind hat auch nach 2000 Jahren noch keinen Bart. EDUARD KOPP

Seit Jahrtausenden versuchen Menschen dem Bösen ein Gesicht zu geben. Die Frage bleibt: Gibt es den Teufel wirklich oder ist er nur ein Trugbild unserer Angst?

Wer ist der Teufel?

Ihre hasserfüllten Gesichter zierten wochenlang die Titelblätter. Sie galt als Satansbraut, er als leibhaftiger Teufel. Das Wittener Mordpärchen Manuela und Daniel wurde zu langen Haftstrafen mit anschließender Sicherheitsverwahrung verurteilt. Die beiden hatten einen Bekannten mit Messerstichen regelrecht abgeschlachtet. Einziges Motiv: Satan habe es ihnen befohlen. Der Herr der Finsternis wollte angeblich ein Opfer.

Fassungslos steht die Öffentlichkeit vor solchen Taten. Morde aus Hass oder Habgier lassen sich ebenso wenig rechtfertigen, aber sie erscheinen zumindest noch mit so etwas wie Sinn behaftet, selbst wenn es ein moralisch verwerflicher Sinn ist. Der Teufel hingegen steht für das unableitbar Böse, für das Böse um des Bösen willen. „Ihn hat der Teufel geritten", sagt der Volksmund, wenn jemand etwas Böses tat und man es sich nicht recht erklären konnte. Der Teufel ist das personifizierte Böse. Weil das Böse letztlich unanschaulich und ungreifbar ist, haben die Menschen schon immer das Bedürfnis gehabt, ihm ein Gesicht zu geben.

Das Wort Teufel kommt von griechisch „diabolos", zu Deutsch „Durcheinander-Werfer". Einer, der den wahren Sinn der Schöpfung und des Lebens auf den Kopf stellt.

Sogar in einem der prominentesten Texte des Neuen Testaments kommt er vor. Wenn es im Vaterunser heißt: „Erlöse uns von dem Bösen", so ist „der Böse" gemeint, der mit dem Teufel identifiziert wird. In der berühmten Versuchungsgeschichte erzählt die Bibel, wie Jesus selbst dem Teufel begegnet. Es ereignet sich in der Wüste, der Teufel führt Jesus auf einen hohen Berg. Dort zeigt er ihm alle

„Reiche der Welt und ihre Herrlichkeit", wie es im Matthäusevangelium heißt. Der Teufel sagt: „Das alles will ich dir geben, wenn du niederfällst und mich anbetest." Jesus aber hält dem Bösen ein Zitat aus der Bibel entgegen: „Du sollst anbeten den Herrn, deinen Gott, und ihm allein dienen!" Damit war die Prüfung bestanden und der Teufel verließ ihn.

Die Versuchung Jesu durch den Teufel ist zum literarischen Vorbild vieler Versuchungen geworden. Den heiligen Antonius versuchte der Teufel in Gestalt einer schönen Frau, und Luther erzählt, er habe den Teufel poltern hören und mit dem Tintenfass nach ihm geworfen. Den Tintenfleck kann man heute noch im einstigen Arbeitsraum des Reformators auf der Wartburg besichtigen.

Immer wieder sah man den Teufel in reale Personen schlüpfen. Die „Rolling Stones" lassen in ihrem berühmten Song „Sympathy for the devil" den Teufel singen: „Ich fuhr einen Panzer und war ein General, als der Blitzkrieg tobte und die Leichen stanken." Adolf Hitler ist schon zu Lebzeiten häufig als Teufel bezeichnet worden, und auch sein Propagandaminister Goebbels, der durch seinen Klumpfuß sogar dem überlieferten folkloristischen Teufelsbild entsprach.

Wer ist der Teufel? Ein Theologieprofessor, der in der NS-Zeit in Deutschland ausharrte, sagte nach dem Krieg zum berühmten Theologen Karl Barth: „Wir haben dem Teufel ins Angesicht geschaut!" Worauf Barth an seiner Pfeife zog und sagte: „Na, da wird er sich aber erschrocken haben, der Teufel!" Barth brachte es damit auf den Punkt: Das Böse lässt sich nicht auf irgendeine Instanz oder Person abschieben, der man ins Auge schauen kann, sondern es begegnet uns in uns selbst. Und das Beschwören eines wie auch immer gearteten Leibhaftigen verschleiert das Problem des Bösen nur. Dass unsere Welt immer wieder und wahrscheinlich sogar unausweichlich vom Bösen heimgesucht ist, liegt nicht an einer außenstehenden, transzendenten Gewalt, Kraft oder gar Person. Das Böse hat immer mit ganz konkreten Menschen zu tun, oder anders gesagt: Der Teufel, das sind wir.

Für Martin Luther war der Mensch ein Reittier, das auf der einen Seite von Gott und auf der anderen vom Teufel geritten werde. Damit meinte er: Das Böse gehört zu uns. Zu jedem und jeder von uns. Die Reformatoren haben das gewusst und im Augsburger Bekenntnis von 1530 in der zweiten These festgehalten: „Weiter wird bei uns gelehrt, dass (...) alle Menschen von Mutterleib an voll böser Lust und Neigung sind und von Natur keine wahre Gottesfurcht, keinen wahren Glauben an Gott haben können." Dieses pessimistische Menschenbild ist immer wieder verurteilt worden, weil es den Menschen deprimiere. Doch die Reformatoren hatten damit Recht, dass jeder Versuch, die Quelle des Bösen von uns selbst auf einen Teufel außerhalb von uns zu verlagern, zum Scheitern verurteilt ist.

Wenn aufgeklärte Christen heute beten: „Erlöse uns von dem Bösen", dann haben sie nicht mehr den Gehörnten mit dem Pferdefuß vor Augen, aber sie wissen um ihre Schwäche, um ihre Unvollkommenheit und um ihre Erlösungsbedürftigkeit. Ihre Kräfte zum Guten sind ergänzungsbedürftig. Die zum Bösen dagegen durchaus vorhanden. Reichlich. REINHARD MAWICK

Hilfe und Schutz erhoffen sich viele von Jesu Mutter Maria. Auch Protestanten bleiben von der Marienfrömmigkeit nicht unberührt

Darf man zu Maria beten?

Im Anfang war ein Übersetzungsfehler. Von einer Jungfrau steht beim Propheten Jesaja nichts: „Siehe, ein Mädchen ist schwanger und wird einen Sohn gebären", hatte der über den kommenden Messias geweissagt (7, 14). Erst die griechische Übersetzung der Bibelstelle machte aus dem Mädchen fälschlicherweise eine Jungfrau. So kam der Mythos von der Jungfrau in die Weihnachtsgeschichten des Neuen Testaments. Mit weitreichenden Folgen.

„Ich glaube an Jesus Christus, geboren von der Jungfrau Maria", bekennen bis heute Christen in aller Welt, auch evangelische. Und das zu Recht. Selbst wenn der christliche Jungfrauenmythos seine Existenz einem Übersetzungsfehler verdankt, ist er ein bleibendes Symbol. Wie in anderen Religionen deutet die Jungfrauengeburt auch im Christentum auf einen göttlichen Schöpfungsakt: Gott setzt mit Jesu Geburt den Anfang für eine neue Epoche der Menschheitsgeschichte. Maria kommt die zentrale Rolle zu. Eine Frau bringt das Heil zur Welt.

Maria sei „ein geringes, armes Mädchen", schreibt der Reformator Martin Luther, „welche selbst Hannas' und Kaiphas' Töchter nicht hätten für würdig erachtet, ihre geringste Magd zu sein". Hannas und Kaiphas gehörten der hohepriesterlichen Familie an, also der Jerusalemer Oberschicht. Gott stellt nicht sie, sondern Maria an die Wiege der neuen Menschheitsepoche. Luther deutet dies als Angriff auf den menschlichen Hochmut: „So gehen Gottes Werk und Blick einher in der Tiefe. Der Menschen Blick und Werk aber gehen nur in der Höhe."

Von der armen, einfachen Frau Maria ist in der katholischen und orthodoxen Marienverehrung nur wenig zu spüren. Stattdessen rufen Katholiken und Orthodoxe Maria als himmlische Fürsprecherin an. „Bete für uns in der Stunde unseres Todes", heißt es im populären Bittgebet „Ave Maria". Maria gilt als Heilsmittlerin. Man ruft sie um Beistand an als Gottesgebärerin, Himmelskönigin, unbefleckte, seligste Jungfrau.

Bis in unsere Zeit geben Erscheinungen und Visionen der katholischen Marienverehrung Auftrieb. So soll Maria im französischen Lourdes, im portugiesischen Fatima und im saarländischen Marpingen erschienen sein. Die Orte sind nun beliebte Wallfahrtsorte. Die katholische Lehre unterstreicht Marias Popularität. Etwa das Dogma von der unbefleckten Empfängnis Mariens (1854) oder das von der leiblichen Aufnahme Mariens in den Himmel (1950). In der Bibel ist von alledem nirgends die Rede.

Einige katholische Theologen werten die Marienfrömmigkeit als die weibliche Seite ihrer sonst patriarchalen Kirche. Demgegenüber kritisieren Feministinnen das realitätsferne Frauenbild des Marienkults. Die unbefleckte Jungfrau gelte als Widerpart zur Urmutter Eva, hier die Heilige, dort die Verführerin. Mit solchen Gegensätzen, so sagen sie, begründe die katholische Kirche eine frauenfeindliche Weiblichkeitsnorm.

Protestanten beten nicht zu Maria. Nach evangelischem Glauben darf sich niemand zwischen Gott und den Gläubigen stellen. Dennoch kommt zu Weihnachten auch unter evangelischen Christen eine Art Marienfrömmigkeit auf. In ihrem Mittelpunkt steht der Lobgesang der Maria. Aus Freude über ihr Kind singt Maria (Lukas 1, 46): „Meine Seele erhebt den Herrn, und mein Geist freut sich Gottes, meines Heilandes; denn er hat die Niedrigkeit seiner Magd angesehen." Maria dankt Gott, dass er sie, die gedemütigte Frau, aus ihrer Erniedrigung befreit. Während ihre Mitmenschen sie verachten, verleiht Gott der Maria Würde.

Auch Weihnachtslieder betonen Marias Bedeutung. „Josef, lieber Josef mein“, singt Maria in einem Lied, „hilf mir wiegen mein Kindelein.“ Durch die evangelische Jugendbewegung nach den Weltkriegen fand sogar ein Marienlied Eingang in den evangelischen Liederschatz: „Maria durch ein' Dornwald ging, der hatte in sieben Jahrn kein Laub getragen.“ Mit schwermütigen Versen suchten evangelische Jugendliche in den zwanziger und fünfziger Jahren einen Ausgleich zu düsteren Kriegserinnerungen.

Weihnachten ist ein Familienfest. Weihnachtskrippen inszenieren eine Idealfamilie: Vater und Mutter knien anbetend vor dem Kind. In den Krippenspielen ist Maria (neben dem Verkündigungsengel) für Kinder die begehrteste Rolle. Möglicherweise verkörpern Maria und Jesus zu Weihnachten das Urbild der Mutter-Kind-Beziehung. Sie erinnern daran, dass jeder Mensch als hilfloses Geschöpf zur Welt kommt und dass sich in den ersten Lebensjahren aus der Mutter-Kind-Bindung ein Urvertrauen entwickelt, das jeden Menschen ein Leben lang halten und tragen kann. Im Rückblick auf die eigene Kindheit empfinden viele Menschen solches Urvertrauen als ein Gottesgeschenk. Verstehen wir den Dank dafür als Gebet an die weibliche Seite Gottes, dann wäre gegen ein solches Gebet wohl nichts einzuwenden. BURKHARD WEITZ

Er hört mich. Er hört mich nicht.
Er hört mich ... Es ist eine urmenschliche
Hoffnung: dass da jemand ist, der unser
Rufen wahrnimmt und uns den
Rettungsring zuwirft

Hilft beten?

O ja, beten hilft. Sogar Mediziner sehen das seit einiger Zeit so. Dale Matthews zum Beispiel, Professor an der Georgetown University in den USA, nennt Beten die „Arzttasche Gottes", die die Heilung von Krankheiten beschleunigt. Die Mehrzahl der wissenschaftlichen Studien zu diesem Thema haben inzwischen die positiven Effekte religiösen Lebens bestätigt. Die meisten Befragten betonten jedoch die rein psychologische Wirkung des Gebets auf das Gemüt des Beters.

Doch was helfen diese Erkenntnisse dem, der verzweifelt um die eigene Heilung oder die eines anderen Menschen bittet? Was gewinne ich, wenn ich um die Nützlichkeit des Betens weiß – und doch nicht bekomme, wofür ich gebetet habe? Und wie viele gläubige, zornige, flehende Gebete sind im 20. Jahrhundert gen Himmel gestiegen, Gebete für Frieden zwischen den Völkern – und doch hat kein Jahrhundert mehr Kriegstote und Ermordete gesehen als das vergangene? Nein, beten hilft nicht.

Zumindest nicht so, wie wir uns das oft wünschen. Wer danach fragt, ob beten hilft, hat eine bestimmte Art des Gebets im Sinn: die Bitte, die an Gott gerichtet ist – oder an einen Gott. Andernfalls macht die Frage keinen Sinn. Ohne Adressat bleibt das Beten ein Selbstgespräch, für das es von Kritikern ohnehin gehalten wird. Dennoch steht und fällt jede Religion mit dem Gebet ihrer Gläubigen. Beten, also das persönliche oder gemeinschaftliche Anrufen von Gott, Göttern oder des „Transzendenten", ist der Grundakt jeder Religion. Und das Bittgebet ist seit Jahrtausenden die Urform dieses Gottesumgangs: „Bitte, lieber Gott, gib mir dies oder das, mach dies und jenes.“ Mehr Regen oder mehr Sonne, Schutz vor Feinden oder am besten gleich deren Tod, die Frau oder den Mann fürs Leben, Gesundheit, Reichtum oder zumindest Hilfe aus der Armut, manchmal auch Weisheit, Liebe, Geduld. Selbst um Glauben beten Menschen.

Die Ergebnisse dieser Milliarden und Abermilliarden von Bitten sind – vorsichtig ausgedrückt – mehrdeutig. Der eine bekommt, worum er halbherzig und ohne großen Glauben gebeten hat, der andere nichts, auch wenn er mit tiefer Inbrunst und Frömmigkeit zu Gott gerufen hat. Der Apostel Paulus bat drei Mal darum, von seinem „Pfahl im Fleisch“ geheilt zu werden – und erhielt als Antwort: „Lass dir an meiner Gnade genügen; denn meine Kraft ist in den Schwachen mächtig.“ (2. Korinther 12, 79) Von Jesus ist überliefert: Er flehte darum, dass Gott ihm den Leidensweg zum Kreuz erspare (Lukas 22, 42). Auch hier entsprach die Antwort nicht den Erwartungen.

Christen weisen gern darauf hin, dass es beim Beten vor allem um die Anerkennung von Gottes Willen geht. So verband Jesus seine Bitte um Errettung mit dem Zusatz: „Doch nicht mein, sondern dein Wille geschehe.“ Und in jenem Gebet, das Jesus seine Jünger lehrte, dem Vaterunser, heißt es: „Dein Wille geschehe wie im Himmel so auf Erden“ (Matthäus 6, 10). Eigentlich eine wasserdichte Sache, sollte man meinen: Wenn der Beter um das bittet, was Gott ohnehin geben will, dann kriegt er's. Sonst nicht.

Aber das ist nur die halbe Wahrheit – und zwar jene Hälfte, die am einfachsten zu akzeptieren ist. Wer immer schon Gottes mögliche Ablehnung bei den eigenen Gebeten erwartet, wer seinen Glauben durch möglichst abstrakte Bitten gegen Enttäuschungen immunisiert, mag so seine persönliche Religion retten. Ein Glauben, der sich vorbehaltlos anvertraut, ist das nicht.

Beten fängt dort an, wo man ist, und nicht dort, wo man gern sein möchte. Beter sollen ihre konkreten Anliegen vor Gott bringen, in all ihrer Naivität und Menschlichkeit. Wer sich Sorgen um seinen Arbeitsplatz macht, darf das vorbringen – und muss nicht zuerst den Weltfrieden erflehen. Als Jesus den blinden Bettler Bartimäus fragte: „Was willst du?“, antwortete dieser: „Ich will sehen können.“ (Markus 10, 46–52) Alles andere war Bartimäus egal. Nicht sehr sozial von ihm, aber sehr echt.

Sicher, es gibt andere Arten des Gebets als das Bitten, Gebetsformen, die weniger Schwierigkeiten machen, zum Beispiel die Anbetung Gottes, das Loben oder das Dankesagen. Aber gerade die konkrete persönliche Bitte macht den Glauben an einen „himmlischen Vater“ authentisch. Hier erlebt der Betende auch Enttäuschungen. Die gibt es in jeder echten Beziehung, wenn Wünsche nicht in Erfüllung gehen. Gott ist keine Maschine, bei der man nur den richtigen Knopf drücken muss, um zu bekommen, was man will. Und Gebet hat nichts mit Zaubersprüchen und Magie zu tun – aber viel mit Vertrauen.

So wie es nie einen empirischen Beweis dafür geben wird, dass ein Mensch einem anderen Gutes getan hat, nur weil dieser ihn darum gebeten hat (es könnten 100 andere Gründe den Ausschlag gegeben haben!), so wird es auch nie möglich sein nachzuweisen, dass „beten hilft“. Beten ist Vertrauenssache. Eine Haltung, auf die man sich einlassen kann. Oder nicht. AXEL REIMANN

**Aus dem Brot auf dem Altar
wird Christi Leib. Aus Wein wird Blut.
Das sind schwierige Formeln mit
einer unglaublichen Wirkungsgeschichte.
Formeln, die bis heute Millionen
Menschen zusammenführen**

Was essen wir beim Abendmahl?

Es vergeht kein Tag, an dem nicht die Worte Jesu beim letzten Abendmahl vor seinem Tod nachgesprochen werden. In Gottesdiensten erwachen sie zu neuem Leben: Jesus teilte das Brot, gab es den anwesenden Jüngern und sagte: „Nehmt, das ist mein Leib." Er reichte ihnen auch den mit Wein gefüllten Kelch und sagte: „Das ist mein Blut, das Blut des Bundes, das für viele vergossen wird." So steht es im Markusevangelium (22–24), ähnlich in den Büchern des Matthäus und des Lukas.

Essen die Jünger, essen wir heute den Leib, trinken wir das Blut eines Menschen? Im katholischen Volksglauben ist es ja durchaus vorstellbar, dass Hostien zu bluten beginnen oder Wein das Aussehen von Blut annimmt. Um solche mysteriösen Vorgänge geht es hier nicht, sondern um die ganz reale Gegenwart Gottes in Brot und Wein. Aber das ist etwas ganz anderes als eine materielle Anwesenheit auf dem Altar.

Die Kirche sagt: Mit Leib und Blut ist Christus in den Gaben anwesend. Das wird gelegentlich als eine Art Metapher, eine bildhafte Rede, erklärt, ähnlich der: Jemand ist „mit Leib und Seele" bei einer Sache engagiert. Eine solche Metapher ist die Rede vom Leib und Blut Jesu nicht. Sie ist hintersinniger: Im Blut liegen nach jüdischem Verständnis die ganze Lebenskraft, Lebendigkeit, die innersten Antriebe des Menschen. Ohne Blut kein Leben.

Selbst zwischen den Kirchen der Reformation war das Abendmahlsverständnis strittig. An der Frage, ob das Brot nun

Christi Leib, der Wein sein Blut ist (lateinisch: est) oder bedeutet (significat), war 1529 in Marburg der Einigungsversuch zwischen Martin Luther und Huldrych Zwingli gescheitert. Erst im zwanzigsten Jahrhundert löste sich dieser Konflikt zwischen Lutheranern und Reformierten langsam, und zwar damit, dass sich beide Seiten aus der Fixierung auf die Ausgangsfrage lösten und einen Satz aus dem Ersten Korintherbrief beherzigten: „Ist der Kelch des Segens, über den wir den Segen sprechen, nicht Teilhabe am Blute Christi? Ist das Brot, das wir brechen, nicht Teilhabe am Leib Christi? Ein Brot ist es. Darum sind wir viele wie ein Leib; denn wir alle haben teil an dem einen Brot." (1. Korinther, 10) Brot und Wein lassen uns teilhaben am Leib und Blut, sie sind nicht einfach mit ihm identisch – eine befreiende Einsicht für all jene, die an eine irgendwie materielle Anwesenheit Gottes in Brot und Wein denken.

Das Abendmahl wird zum Abendmahl durch die Versammlung der Gemeinde. Brot und Wein sind nur im Zusammenhang mit der gemeinschaftlichen Feier des Mahls zu verstehen. Das Brechen des Brotes, die Danksagung an Gott, das Nachsprechen der Abendmahlsworte in den unterschiedlichsten Formulierungen: All das hat seinen tiefsten Sinn in der Gemeinschaft der Menschen, untereinander und mit Gott. Das Abendmahl ist zugleich auch ein Fest der Versöhnung. Es kann auch Katholiken und Protestanten weiter miteinander versöhnen.

Gibt es in der evangelischen Kirche überhaupt keinen Platz für die (katholisch verstandene) „Wandlung" von Brot und Wein? Nicht im Sinne einer geheimnisvollen Veränderung von Brot und Wein. Nach vielen schwierigen Beratungen des Abendmahlsthemas in den 50er und 60er Jahren wurde das Geschehen um Brot und Wein für die evangelischen Kirchen fast schon minimalistisch so beschrieben: „Durch den Vollzug der Feier des Abendmahls (...) werden Brot und Wein ausgesondert und in den Dienst dieses Mahles gestellt" (Abschlussbericht zu den Arnoldshainer Abendmahlsthesen 1962).

Nicht mystische Verwandlung, sondern liturgische „Aussonderung", also Hervorhebung, erfahren Brot und Wein.

Ein wörtliches, materielles Verständnis von „Leib und Blut" ist also fehl am Platz und wird zudem der biblischen Sprache nicht gerecht. Das ist umso deutlicher, je weiter man in der Geschichte des Christentums zurückgeht. In den ersten drei Jahrhunderten versammelten sich die Christen zu einem gemeinsamen Essen, dem „Sättigungsmahl". Eine abgelöste Betrachtung von „Leib" und „Blut" wäre für sie gar nicht verständlich gewesen. Erst als das Abendmahl später nichts mehr mit Hunger und Durst zu tun hatte, wurde eine isolierte Betrachtung von Fleisch und Blut möglich.

„Leib" und „Blut" beim Abendmahl? Ohne weiteres: ja. Solange man sie nicht dinglich versteht. EDUARD KOPP

Am Anfang jedes christlichen Lebens steht die Taufe mit Wasser. Das Ritual wurde im Lauf der Zeiten unterschiedlich gedeutet: Heute tauft man meist Kinder, aber früher zuweilen erst die Sterbenden

Was passiert bei der Taufe?

Gerührt seufzt ein Herr in der letzten Kirchenbank. Vorn hält gerade die Patentante das Köpfchen des Säuglings über den Taufstein. Der Pfarrer schöpft mit der hohlen Hand Wasser aus der Schale und lässt es dreimal über die Babyhaare träufeln. Er sagt: „Ich taufe dich im Namen des Vaters, des Sohnes und des Heiligen Geistes." Die Gottesdienstbesucher recken ihre Hälse, Fotoapparate klicken, Blitzlichter leuchten auf. Taufe im Jahr 2001 – ein archaischer Ritus in moderner Umgebung.

Die Taufe ist ein paar Jahre älter als das Christentum. Als Erster taufte ein jüdischer Prophet namens Johannes. Er glaubte, das Weltende sei nahe. Deshalb rief er seine Zeitgenossen zur Umkehr auf. Mit einem Bad im heiligen Fluss Jordan, sollten sie sich für das bevorstehende Gericht Gottes reinigen. Reinigungsrituale wie jene, mit denen sich Muslime heute noch auf ihr Gebet vorbereiten, waren den damaligen Juden wohl bekannt. Das Neue an der „Taufe" war, dass sie für alle Zeit gelten sollte. Auch Jesus ließ sich von Johannes taufen.

Obwohl Jesus selbst niemanden getauft hat, galt die Taufe von Anfang an als zentrales christliches Symbol. Die ersten Christen haben es verändert aus der religiösen Tradition übernommen. Während Johannes mit seiner Taufe alte Sünden abwaschen wollte, empfängt der Täufling nach christlichem Verständnis auch einen neuen Geist. So prägte der Reformator Martin Luther (1483–1546) das drastische Wort, in der Taufe werde täglich unser alter Adam ersäuft. Luther meint damit, dass ein Mensch zwar nur einmal in seinem Leben getauft wird, dass sich aber das, worauf die Taufe hinweist, täglich wiederholt. Mit dem alten Adam bezeichnete Luther zerstörerische Kräfte, die den Menschen in die Enge treiben, ihm den Lebensmut und die Orientierung rauben.

Der alte Adam wird ersäuft, um neuem Leben Raum zu schaffen. Luther hatte ganz alltägliche Erfahrungen im Sinn: Jemand findet plötzlich einen Ausweg aus einer Sackgasse. Er ist stark in einer Situation, die eigentlich zum Verzweifeln ist. In ihm wächst eine Kraft, von der er nicht weiß, woher sie eigentlich kommt.

Nach evangelischem Verständnis kommt die Lebenskraft von Gott, der jeden Menschen, ob getauft oder ungetauft, bejaht und bedingungslos akzeptiert. Die Taufe macht das Ja Gottes sichtbar. Dieses Ja kann Menschen zu Optimisten machen, ihnen ein großes Zutrauen schenken.

Die Taufe ist wie viele religiöse Symbole vielschichtig. Wie ein Kristall, in dem sich die Lichtstrahlen je nach Einfallswinkel unterschiedlich brechen, ist die Taufe offen für neue Interpretationen. So haben die ersten Christen die Taufe als Versiegelung gegen die Angriffe böser Mächte verstanden. Das ist eine schöne Vorstellung, weil sie den einzelnen Christen ermutigt: Nichts kann dir deine Seele rauben. Gottes heilende Kraft ist immer stärker als die des Teufels, egal was passiert.

Später hat man diesen Gedanken weitergesponnen: Wenn die Taufe ein Kind gegen Dämonen schützt, fällt das ungetaufte Kind den Dämonen in die Hände. Diese Schlussfolgerung hat viel Angst verbreitet. Noch bis in die fünfziger Jahre war es vielerorts üblich, Kinder unmittelbar nach der Geburt zu taufen – aus Angst, der Teufel könne die Seele des Kindes rauben. Solch ein Umgang mit der Taufe verdreht ihr eigentliches Anliegen und macht sie zu einem Symbol der Angst statt der Hoffnung.

In den ersten Jahrhunderten unserer Zeitrechnung hieß es auch: Nach der Taufe dürfen Christen nicht mehr sündigen, sonst sei die Taufe völlig umsonst. Als das Christentum im vierten Jahrhundert

Staatsreligion wurde, traten sehr viele Menschen der Kirche bei. Aus Angst, sie könnten dem hohen moralischen Anspruch der Taufe nicht gerecht werden, ließen sich die meisten erst kurz vor dem Tode taufen. Bald war die Taufe am Ende des Lebens allgemeiner Brauch. Sicher ist sicher. Auch Kaiser Konstantin, der erste Christ auf dem römischen Kaiserthron ließ sich erst auf dem Sterbebett taufen.

Zwar ist es nie zu spät, sich taufen zu lassen. Doch die Taufe gehört an den Anfang eines Lebens, nicht an dessen Ende. Und so begann die Kirche ab dem fünften Jahrhundert zu predigen, dass die Taufe ein Geschenk des Himmels sei. Um dies zu unterstreichen, ist es seither in den meisten christlichen Kirchen üblich, Säuglinge zu taufen. Von Säuglingen kann man noch nichts fordern, wohl aber kann man sie beschenken. BURKHARD WEITZ

Irgendwann werden die Kinderschuhe zu klein, wachsen die jungen Männer und Frauen aus den alten Klamotten heraus. Der große Schritt ins Erwachsenenleben ist ein guter Grund für ein besonderes kirchliches Fest

Warum zur Konfirmation?

Der blaue Anzug sitzt ziemlich perfekt. Er ist nur ganz wenig auf Zuwachs gekauft. Ein weißes Hemd, eine gepunktete Fliege und auf Hochglanz polierte schwarze Schuhe: Fertig ist der Mann. Aus Jungs, die sonst in legeren Klamotten über den Schulhof laufen, werden Männer, die halb stolz, halb steif zum Mittelpunkt eines Festes werden. Die Sportschuhe bleiben diesmal zu Hause. Ausnahmsweise.

Aus Mädchen werden Frauen. Statt Jeans tragen sie diesmal ein Kostüm mit Bluse, Strumpfhose und (halb)hohen Schuhen, dazu etwas Schmuck. Ein paar Mutige halten einen Strauß Maiglöckchen in den Händen. Die meisten Mädchen waren zuvor beim Friseur, haben sich etwas geschminkt und sehen irgendwie erwachsener aus als die Jungs, mit denen sie gemeinsam zum Konfirmationsgottesdienst in die Kirche ziehen – oder genauer gesagt: wohin sie ihr Pfarrer geleitet.

Denn darum geht es im schönsten, wichtigsten kirchlichen Fest für junge Menschen: Der Pfarrer, die Pfarrerin übergeben sie gleichsam der Gemeinde. Die Jugendlichen sollen zu tragenden Stützen der Gemeinschaft werden. Und umgekehrt: Die Gemeinde soll beitragen zum Erwachsenwerden der jungen Menschen.

In der Konfirmation wird den jungen Menschen die Hand aufgelegt: Sie bekommen Gottes Segen. Die Konfirmation, wörtlich übersetzt „Bestärkung", hat nicht nur diesen praktischen Sinn, den jungen Frauen und Männern einen Weg in die Gemeinde zu bahnen, sondern auch einen theologischen: Die Jugendlichen sollen sich ihre eigene Taufe „aneignen". Ihre Taufe als Kind war gewissermaßen noch unvollständig, weil ihr persönliches Taufbekenntnis fehlte. Ab sofort gilt nicht mehr allein das Wort der Eltern oder Taufpaten, die vor mehr als einem Dutzend Jahren an ihrer Stelle den Glauben bekannten. Nun machen sie sich als Konfirmanden mehr oder weniger entschlossen dieses lange zurückliegende Versprechen zu Eigen: Sie wollen, so sagen sie, zu dieser Gemeinde gehören und als Christen leben. Äußerlich erkennbar wird ihre neue Rolle in der Kirchengemeinde an der Teilnahme am Abendmahl.

Gäbe es die Konfirmation noch nicht, sie müsste „erfunden" werden. Das Gleiche gilt für die katholische Firmung. Das Bedürfnis nach einem Ritus fürs Erwachsenwerden ist geradezu mit Händen zu greifen. Auch die sozialistischen Gesellschaften setzten darauf. Als (teilweise erzwungene) Loyalitätserklärung gegenüber der politischen Macht hatte die Jugendweihe in der DDR einen hohen Stellenwert. Sie erfreut sich immer noch einer gewissen Beliebtheit, ist jetzt allerdings ihres unmittelbaren politischen Nutzens beraubt. Geblieben ist, vor allem in Ostdeutschland, der erklärte Wunsch nach einer atheistischen Alternative zur Konfirmation.

An die Konfirmationskurse richten sich heute viele Erwartungen. In der dünnen religiösen Luft der Gegenwart gibt es manches, was die Konfirmanden überhaupt erst entdecken müssen. Elternhaus und Schule treten immer weniger als Vermittler religiösen Wissens und des Glaubens in Erscheinung. Früher mehr als heute gehörte ins Vorfeld der Konfirmation oder in die Feier selbst eine Prüfung des religiösen Wissens. Die Konfirmanden mussten zeigen, was sie gelernt hatten: über Taufe und Abendmahl, das Glaubensbekenntnis und die Zehn Gebote, die Psalmen und das Gesangbuch, die Jesusgeschichten.

Auch wenn es eine ernüchternde Wahrheit ist, dass nach dem Kurs viele Jugendliche nicht wieder in ihrer Gemeinde auftauchen, haben sie durch die gemeinsame Zeit dennoch vieles gewonnen. Hoffentlich auch diese Erkenntnisse: Pfarrerinnen, Pfarrer und all die anderen Betreuer haben selbst eine wechselhafte Glaubensbiografie. Kirche ist veränderbar, entwicklungsfähig, sie ist subjektiver und vielfältiger, als es oft von den Kanzeln klingt. Sie ist geprägt von unterschiedlichsten Interessen und Ideen, Erfahrungen und Traditionen. Es ist möglich und es lohnt sich, selbst Einfluss zu nehmen und eigene Wünsche zu äußern.

Zur Konfirmation gehören Geschenke ganz selbstverständlich dazu. Das Schielen nach Geschenken wird zwar oft als Beleg für fehlenden religiösen Ernst gesehen. Doch die Freude auf Schecks und Scheine weist eher darauf hin, dass die Jugendlichen wachsende Ansprüche ans Leben, an ihr persönliches Glück, an ihre Autonomie stellen. Autonomie kostet Geld. Autonomie ist die beste Frucht der Pubertät.

Am Ende der Konfi-Kurse steht also im besten Fall ein Wechsel der Blickrichtung: Nicht mehr Objekt der Gemeindearbeit zu sein, sondern selbst die Gemeinde zu formen und den eigenen Glauben. Es gibt Glauben eben nur im persönlichen Zuschnitt, nur im persönlichen Kleid. Die Konfirmierten sind damit endgültig aus den Kinderkleidern herausgewachsen. EDUARD KOPP

Noch zeigt unser Terminkalender viele weiße Seiten. Bald werden wir unsere Zeit wieder voll stopfen. Wie wir sie nutzen können und sollen, sagen uns die Religionen

Wozu brauchen wir eine christliche Zeitrechnung?

Wir zählen die Jahre seit Christi Geburt. Christen gehen davon aus, dass die Weltzeit endlich ist – wie ein Menschenleben.

Wir sprechen über die Zeit oft so, als wäre sie unser Guthaben. Wir wollen unsere Zeit erschöpfend nutzen. Sie bis zur letzten Minute auskosten. Sie nicht mit nutzlosen Dingen vergeuden. Wir verhalten uns, als wäre die Zeit ein Kapital, das wir vergrößern oder vermehren können. Wir berechnen unser Zeitkontingent, um unsere Zeit optimal einzusetzen. Wir folgen den Ratschlägen von Zeitmanagern, um Zeit zu sparen oder Zeit zu gewinnen. Doch selbst wer seine Zeit geschickt einteilt, merkt irgendwann, dass er nicht mehr Zeit hat als andere. Lediglich sein Zeitplan ist gedrängter als der seiner Mitmenschen.

Denn eines kann auch die geschickteste Zeitplanung nicht bewirken: das Gefühl, die eigene Lebenszeit sinnvoll auszufüllen. Erfüllte Zeit ist keine Frage des Kalenders, sondern der Übereinstimmung mit sich selbst. In einem erfüllten Leben geht es nicht darum, wie viel man getan oder erreicht hat. Es geht darum, ob man mit sich über sein Tun ins Reine kommt.

Das Bemühen um eine erfüllte Lebenszeit ist ein großes Thema in allen Weltreligionen. Und die sind sich über eines einig: Der Mensch kann nicht über die Zeit verfügen, als wäre sie sein Besitz. Er kann sein Leben nicht so führen, als hätte er ein zweites zur Verfügung. Der Mensch ist sterblich, unwiderruflich. Deshalb hadert er mit sich wegen verpasster Chancen oder fürchtet, etwas Wichtiges zu versäumen. Am Gefühl, dass die eigene Lebenszeit sinnlos verstreicht, kann ein Mensch zugrunde gehen.

Um das Wesen der Zeit zu beschreiben, bedienen sich die Religionen unterschiedlicher Metaphern. Östliche Religionen wie der Hinduismus und der Buddhismus vergleichen die Zeit mit einem Rad, das sich dreht und stets an seinen Ausgangspunkt zurückkehrt. Wie die Natur im Wechsel der Jahreszeiten abstirbt und wieder erblüht, so ist auch der Wechsel der Generationen geprägt von Geburt, Sterben und Wiedergeburt. Kurz: Der Mensch gilt als winziges Teilchen am großen Rad der Zeit. Um ein erfülltes Leben zu führen, muss sich der Einzelne den Ordnungen des Lebens fügen oder ganz aus ihnen ausbrechen und Asket werden.

Die jüdisch-christliche Tradition vergleicht die Zeit mit einer Einbahnstraße. Die Straße hat einen Anfang, die Schöpfung. Und sie läuft auf ein Ende zu, das Jüngste Gericht. Dazwischen bewegt sich alles in eine Richtung. Es gibt kein Zurück. Die Landschaft wechselt ständig. Weiterziehen heißt Abschied nehmen. „Unser Leben währet siebzig Jahre, und wenn's hoch kommt, so sind's achtzig Jahre", sagt der 90. Psalm und ergänzt: „Was daran köstlich scheint, ist doch nur vergebliche Mühe; denn es fährt schnell dahin, als flögen wir davon."

Auf dieser Straße zieht der Einzelne nur eine kurze Wegstrecke mit. Trotzdem überblickt er mehr als die Strecke, die er selbst zurückgelegt hat. Seine Eltern und Lehrer erzählen ihm, was ihn mit früheren Generationen verbindet. So hat der Einzelne eine Geschichte. Er weiß, wo seine Wurzeln liegen. Später reicht er dieses Wissen an die nachfolgende Generation weiter. Das Gefühl, Teil einer Generationen übergreifenden Gemeinschaft zu sein, kann den Einzelnen vom Albdruck der Endlichkeit entlasten. Vor allem das Judentum gilt als Religion des Erinnerns. Juden gedenken in allen Festen des Jahreszyklus der Geschichte des Volkes Israel.

„Herr, lehre uns bedenken, dass wir sterben müssen, auf dass wir klug werden", fährt der 90. Psalm fort. Weil die Lebenszeit des Menschen begrenzt ist, gewinnt das Jetzt an Gewicht: die Trauer über einen Abschied, die Freude über eine Überraschung, der Zorn über Ungerechtigkeit oder die Liebe zu einem anderen Menschen.

Judentum und Christentum sind leidenschaftliche Religionen, ihr Gott ist ein leidenschaftlicher Gott. Für erfüllt halten sie ein Leben, das alle Höhen und Tiefen ausgekostet hat. Deshalb ist auch die Schuld ein wichtiges Thema des Christentums. Der Einzelne muss sich dem Unrecht, das er getan hat, stellen. Er kann es nicht rückgängig machen, noch kann er in einem späteren Leben bei null anfangen. Er ist darauf angewiesen, dass ihm seine Schuld vergeben wird. Von anderen Menschen oder von Gott.

Eines Menschen Lebenszeit ist etwas Einzigartiges und Unverwechselbares. Der Einzelne ist keine Kopie seiner Eltern und niemandes Reinkarnation. Das Gleiche gilt für die Weltzeit. Sie ist nach christlicher Auffassung etwas Einmaliges. Davor und danach ist Ewigkeit, die Aufhebung der Zeit.

Auch unsere christliche Zeitrechnung geht davon aus, dass die Weltzeit endlich ist. Sie beginnt mit dem Geburtsjahr Jesu. Da Christen an Jesu Auferstehung glauben, zählen sie sein Alter auch über seinen Tod hinaus. Sie zählen die Weltzeit wie Lebensjahre eines Menschen. So erinnern Christen daran, dass jeder ihrer Augenblicke unendlich wertvoll ist. Genau wie ein Menschenleben.

BURKHARD WEITZ

Schallendes Gelächter war unter Christen lange verpönt. Schon die Autoren der Bibel taten sich schwer mit der Heiterkeit. Aber die Zeiten ändern sich

Gibt es für Christen was zu lachen?

Heiterkeit war unter Christen lange verpönt. Schon die Autoren der Bibel taten sich schwer damit. Aber die Zeiten ändern sich.

Es gibt nichts Menschlicheres als das Lachen. Diese Auskunft des griechischen Philosophen Aristoteles hat uns nicht nur einen herrlichen Sinnspruch, sondern indirekt Umberto Ecos Roman „Der Name der Rose" und dessen Verfilmung eingebracht. Darin suchten fanatische Ordensleute mit allen Mitteln das verloren geglaubte Buch des Aristoteles über die Komödie zu verbergen. Ihr Argument: „Lachen tötet die Furcht, und wenn es keine Furcht gibt, wird es keinen Glauben mehr geben." Wenn über alles gelacht wird, dann eines Tages auch über Gott? Aristoteles hat der Kirche mit seiner Freude am Lachen und an der Komödie im Mittelalter viel Verdruss bereitet und den Mönchen große Angst gemacht.

Das Lachen: die Ursünde des Menschen? Noch heute halten sich evangelikale Christen und katholische Ordensleute von Mummenschanz und Karneval fern. Eine Maske aufzusetzen ist ihnen theologisch nicht geheuer, denn sie nähme ihnen die „Ebenbildlichkeit" mit Gott.

Sicherlich: Lachen kann nicht nur freudig, verspielt und heilsam sein, sondern ebenso hämisch, verzweifelt, zynisch. Es kann also befreien und andere Menschen herabsetzen, wie der Tübinger Theologe Karl-Josef Kuschel (1994) schreibt. Das Lachen kann auch makaber sein (das Wort kommt von den makkabäischen Brüdern in der Bibel, die den Märtyrertod starben), das heißt grausig, bedrückend, tödlich. Adolf Hitler soll den Leitern des Nazi-Freizeitwerkes „Kraft durch Freude“ den zynischen Auftrag gegeben haben: „Sorgen Sie mir dafür, dass das deutsche Volk wieder lachen lernt!“

Einige Lehrer der Alten Kirche behaupteten, Lachen störe das Gleichgewicht der Seele. Sie klagten: Ungezügeltes Lachen zeige fehlende Gottesfurcht. In den Klöstern störe es zusätzlich das behutsame Leben in der Stille. Als Ausweis von Demut galt es deshalb, nicht leicht und rasch in Lachen auszubrechen. Dagegen gab es Kirchenstrafen: drei Tage Exkommunikation für Lachen während des Chorgebets, außerordentliches Fasten nach einem Lachausbruch.

Ein christliches Leben im Glauben erlaubte keine wilden Späße. Viel eher wurden Christen und Kirchen selbst zum Opfer von Häme und Spott. Von Anfang an machten Mitmenschen sie zu Witzfiguren. Die standen damit in bester Tradition: Das Neue Testament berichtet zwar überhaupt nichts darüber, dass Jesus einmal gelacht hätte, häufig aber darüber, dass er selbst verlacht wurde. Ein vielsagendes Beispiel: Jesus sagt über die tote Tochter des Jaïrus, sie schlafe nur, prompt zieht er das spöttische Gelächter der Leute auf sich (Markus 5, 35–40). Jesus ein tumber Tor Gottes.

Selbst am Ende der Jesus-Geschichte steht das Bild des verlachten Narren. Die Henker Jesu auf dem Berg Golgatha üben sich in Häme: „Wenn du der Sohn Gottes bist, so steige vom Kreuz herab!“ (Matthäus 27, 40)

In keinem vergleichbaren Text der großen Religionen, so hat Karl-Josef Kuschel herausgefunden, gibt es eine ähnliche Verknüpfung von Glaube und Häme, von Bekenntnis und Gelächter. In keiner Religion stehen also das Erschütternde und das Hämische, das Erhabenste und das Lächerlichste so nah beieinander wie im Christentum. Es ist eines der gravierendsten Kennzeichen der Passionsgeschichte Jesu. Mit einer gewissen Berechtigung darf man sagen: Theologen und Gläubige befinden sich insgesamt in der Rolle des Narren (Eberhard Jüngel).

Deshalb lachten im Mittelalter Christen in der Osternacht, nicht verhalten, sondern lauthals. Das „Osterlachen" war jahrhundertelang schöner Brauch in den christlichen Kirchen des deutschen Sprachraums. Prediger entlockten dem Kirchenvolk – teilweise mithilfe obszöner Pantomimen und zweideutiger Geschichten – eine Lachsalve nach der anderen. Die Wurzel ihres Spaßes: Gottes Sieg über den Tod.

Spaßmacher haben es heute in den Kirchen schwerer. Ihnen fehlt letztlich die biblische Verweisstelle. Es fiele den Christen sehr viel leichter, an einen freien, lebenslustigen Gott zu glauben, wenn sie ihn in der Bibel als Lachenden entdecken könnten. Doch da herrschen strenge Sitten. Wenn Gott schon einmal lacht, dann aus Spott über Ungläubige, kriegslüsterne Völker (Psalm 2, 4) oder rücksichtslose Egoisten (Psalm 37, 13). Die Menschen sehen ängstlich dem Weltgericht entgegen. So sehnen sie sich bestenfalls nach einem freundlich lächelnden Gott: nach einem Gott, dessen „Angesicht leuchtet", wie es in der biblischen Sprache heißt.

Lachen befreit. Witze machen die widersprüchliche Welt erträglich. Und das auch in einem tieferen theologischen Sinn: Dass wir zugleich Sünder und Gerechtfertigte sind, dass wir in einem tiefen Widerspruch stecken, ist Grund genug zum Lachen, nicht zum spöttischen, sondern zum befreienden. Dieses Lachen der Befreiung muss wohl von Gott stammen. EDUARD KOPP

Manche Zeitgenossen glauben an ein Vorleben als Tier, als Pflanze oder als anderer Mensch. Neues Leben – neues Glück: Dieser Glaube ist bei weitem nicht so charmant, wie Esoteriker meinen

Wiedergeburt – ein Tabu für Christen?

Im Sommer 1968 traf sich der Psychologe Thorwald Dethlefsen mit einigen Bekannten in seiner Münchener Wohnung, um – wie er sagte – „einen angenehmen Abend zu verbringen und einige Psychoexperimente zu veranstalten". Zur Unterhaltung der Gäste steuerte er ein paar Hypnoseexperimente bei: Mit einem 25-jährigen Technikstudenten unternahm er eine „age regression", eine Rückkehr in frühere Lebensalter. Er hatte ihn durch verschiedene Lebensetappen zurück bis zu seiner Geburt geschleust, als ihm ein „verrückter Einfall" kam. Er wollte den Hypnotisierten in die Zeit vor seiner Zeugung zurückgehen lassen. Schwer atmend und unter der gebannten Aufmerksamkeit der Anwesenden berichtete der Student, was er im Jahr 1870 erlebt hatte, als Augenzeuge des Deutsch-Französischen Krieges, als Guy Lafarge, Gemüsehändler, 18 Jahre alt, wohnhaft im französischen Wissembourg.

Diese Erkenntnis war für Thorwald Dethlefsen, einen der westlichen Vordenker der Reinkarnation, ein Schock. Für ihn stand fortan fest: Wenn hypnotisierte Menschen einzelne Auskünfte über ihr „früheres Leben" machen können, dann sind das nicht nur singuläre Zufallsfantasien, sondern Hinweise auf die eigene Reinkarnation. Diese Erkenntnis, so dozierte er, eröffne sich allerdings nur „reifen, aufgeschlossenen Menschen", während alle anderen in Unwissen und in ihren „unbewussten Abwehrmechanismen" verharrten. Und: „Es wäre wohl gar nicht zu verantworten, solchen Leuten ihre Lebenslüge gewaltsam zu entreißen."

Sind mithin Zweifel daran, dass in unserem Körper eine Person oder ein Tier steckt, die schon einmal gelebt haben, Selbstbetrug? Immerhin glauben rund sechs Prozent der deutschen Bevölkerung, dass sie nach ihrem Tod als ein anderer Mensch wiedergeboren werden. Tatsache ist: Alle Versuche, den Glauben an die Wiedergeburt der Seele in einem anderen Körper als christliche Lehre heimisch zu machen, fruchteten nichts. In der Bibel und im kirchlichen Sprachgebrauch gibt es nur einen Sinn dieses Wortes: Die Taufe wäscht die Sünden ab und schafft ein radikal neues Leben. Solche „Wiedergeburt" (Titusbrief 3, 5) hat mit der Wanderung der Seele durch verschiedene Körper nicht das Geringste zu tun.

Wiedergeburt, wie sie im Hinduismus, Buddhismus und Jainismus geglaubt wird, ist aber gerade die Wanderschaft der Seele durch menschliche und tierische Körper. Eine einheitliche Reinkarnationslehre in diesen Religionen, ja selbst innerhalb des Hinduismus, gibt es gleichwohl nicht.

Anders als für westliche Esoteriker gilt für Hindus oder Buddhisten die Reinkarnation als ausgesprochen negativ. Es ist für sie eine Quälerei, jenen Zustand der Seele zu erreichen, in dem sie endlich die leidvollen Bindungen an das Leben hinter sich lassen können. Keine Freude dauert ewig, kein Glück hat Beständigkeit. Viele Esoteriker verstehen die Reinkarnationen hingegen schlicht als Chance zur eigenen Vervollkommnung, als Weg, sich zu einem höheren Wesen zu entwickeln, wir ergänzen: unabhängig von jeder göttlichen Gnade.

Auch in spiritistischen Sitzungen melden sich Tiere, die Menschen werden wollen, andere meinen, ein Vorleben als Hofhund gehabt zu haben. Noch dubioser sind Selbstauskünfte von Menschen, die in früheren Leben nacheinander Nebel, Lava, ein Halbedelstein und schließlich eine Flechte auf einem Felsen gewesen sein wollen.

Solcher Glauben ist für Christen inakzeptabel. In der Bibel ist bei ernsthafter Betrachtung kein Hinweis auf die Wiedergeburt zu finden. Nach dem christlichen Schöpfungsglauben verdankt der Mensch seine Existenz und seine Lebensumstände Gott, nicht sich selbst. Die „Wiedergeborenen“ jedoch schlagen sich ein weiteres Leben lang mit ihren selbst verursachten Lasten herum und müssen zur Selbsterlösung greifen. Konsequent in dieser Spur lehnen die Buddhisten den christlichen Schöpfungsglauben ab. Und bezeichnenderweise unterscheiden die Anthroposophen zwischen der Person und der (wiederkehrenden) Persönlichkeit des Menschen, während Christen das Individuum als Gottes einmaliges Ebenbild verstehen.

Fiele den Christen das Leben leichter, wenn sie mehr als dieses eine hätten? Neues Leben – neues Glück: Diese Perspektive hat mit der christlichen nichts gemein. Wie viele Leben bleiben einem Menschen bis zu seiner vollen Entfaltung? Seit der Bibel heißt die Antwort: ein einziges, einzigartiges. EDUARD KOPP

Vielen Menschen erscheint ihr Leben
wie von höheren Kräften gesteuert. Der Glaube ans
Schicksal mindert die Last der Verantwortung.
Christen hingegen rechnen mit allem

Gibt es Zufälle?

Ein Autofahrer muss auf der Autobahn rechts ranfahren. Der Tank ist leer. Wütend steigt er aus und versucht, andere Autos anzuhalten, um nach ihrem Reservekanister zu fragen. Doch die rasen an ihm vorbei. Mehreren Fahrern, die da an ihm vorbeizischen, wird ihre Eile zum Verhängnis. Sie geraten nicht einmal fünfhundert Meter weiter in eine Massenkarambolage. Einige rasen in den Tod, andere überleben schwer verletzt.

Gibt es Zufälle? Das hängt wohl vom Betrachter ab. Dass ein Notarzt nicht zu den Hubschrauberpiloten in den Rettungshelikopter steigt, der später abstürzt, ist je nach Blickwinkel Zufall oder Schicksal. Zufall ist es auch, dass man zum richtigen Moment am richtigen Ort war, um den Partner fürs Leben zu treffen oder den idealen Arbeitgeber oder den gut informierten Börsenmann. Zufall kann es sein, dass in einer Prüfung genau die Fragen gestellt werden, auf die man sich vorbereitet hatte. Oder dass man noch einmal zurück ins Haus musste, um etwas Vergessenes zu holen, und einen Kabelbrand entdeckte.

Man kennt es aus der Esoterik-Szene: Welche seltsame Erfahrung ein Mensch auch macht, sie gilt als vorherbestimmt, als von einer höheren Instanz oder Macht gewollt. Es gibt überhaupt keine Zufälle, sagen die Wanderer durch die spirituellen Welten. Alles, was ist und sich ereignet, hat tiefere Zusammenhänge und einen höheren Sinn. Es mag mit den Sternen oder Magnetfeldern zu tun haben, auf den Einflüssen eines Geistes oder dem Willen der Götter beruhen.

Dass alles schicksalhaft vorherbestimmt sei, ist ein schlichte Behauptung. Sie rechnet die Freiheit des Menschen und die

Möglichkeit ungeplanter Ereignisse einfach aus der Realität heraus. Auch wenn es nicht nach jedermanns Geschmack ist, dass wir selbst, dass unser Lebensweg, unsere Partnerwahl, unsere Karriere, unser Alltag teilweise Folge von Zufällen sind, führt kein Weg an der Einsicht vorbei: Es gibt Zufälle im Leben – und nicht eben wenige. Auch wenn es anstrengend ist: Man muss mit der Offenheit von Situationen umgehen lernen.

Das Christentum, von dem man doch eigentlich die Devise erwarten könnte: „Alles folgt einem höheren Plan", hat mit Zufällen weniger Probleme. Natürlich gibt es Auffassungen wie: „Ehen werden im Himmel geschlossen" (sie sind also nicht Produkt von Zufällen), und es gibt biblische Sätze wie: „Nicht ein Haar von eurem Haupte soll verloren gehen", doch hat dies nicht mit einem allzeit und allerorts gültigen Plan Gottes zu tun, sondern mit der religiösen Auskunft: Kein Mensch ist Gott gleichgültig.

Zufälle, offene Situationen, die Pluralität des Lebens, die Chance und die Last der Freiheit: Sie gehören zum christlichen Glauben und Weltbild dazu. Warum?

Ein allbestimmendes Schicksal oder eine allzuständige religiöse Instanz will Gott gar nicht sein. Er setzt auf die Freiheit der Menschen. Und: Religion ist zwar fürs Ganze, aber nicht für alles im Leben zuständig.

Außerdem: Selbst wenn im Buch der Bücher der Begriff Zufall nicht vorkommt, heißt das noch nicht, dass es Zufälle nicht gibt. Die Bibel ist literarisch anders konzipiert als ein Überraschungsroman: In ihr kommt die Geschichte als Heilsgeschichte zur Sprache, als eine fortwährende Geschichte mit einem großen Ende. Was sich ereignet in der Bibel, wird rückblickend als Erfüllung alter Verheißungen und als Anzeichen bevorstehender großer Dinge dargestellt. Die Beschreibung von Zufällen hätte ihre literarische Absicht, ihre Dramaturgie durchkreuzt. Warum hätte sie solche schildern sollen?

Religionssoziologen sagen heute: Gläubige Menschen können ungute Begebenheiten und Erfahrungen besser bewältigen, wenn sie sie als sinnvoll verstehen. Im Mittelalter ging die Argumentation genau andersherum: Je brutaler die Zeiten, je größer Armut und je verbreiteter die Gewalt, desto größer war das Bedürfnis der Menschen, die Zustände auf der Welt als zufällig, als sinnlos zu verstehen. Für mittelalterliche Theologen galt die ganze Schöpfung als „zufällig“. Nach ihrer Vorstellung könnte die Welt auch ganz anders sein, sie könnte sogar überhaupt nicht sein. Denn entscheidend ist nicht, was man sieht, sondern was diese Welt möglich macht und was sie stützt: Gott.

Im christlichen Raum spricht man auch von der Vorsehung, nicht im Sinne einer Vorausschau, sondern göttlicher Fürsorge für die Menschen. Wie sie sich konkret äußert, bleibt ein großes Geheimnis. Selbst Gottes Zuwendung zu den Menschen hat etwas „Zufälliges“, insofern Ursache und Maß der Gnade für die Menschen nicht berechenbar sind. Es gibt die klare Erwartung vieler Menschen, dass das Maß der Zuwendung alle Träume übertrifft. Nach welchen Regeln ihnen die Liebe zuteil wird: ein göttliches Geheimnis.

EDUARD KOPP

Ein freundliches Wort, ein Gebet, eine zärtliche Berührung: Auf diese Weise heilte Jesus viele Kranke. Im Sog der Esoterik ziehen heute viele die Handauflegung der Schulmedizin vor

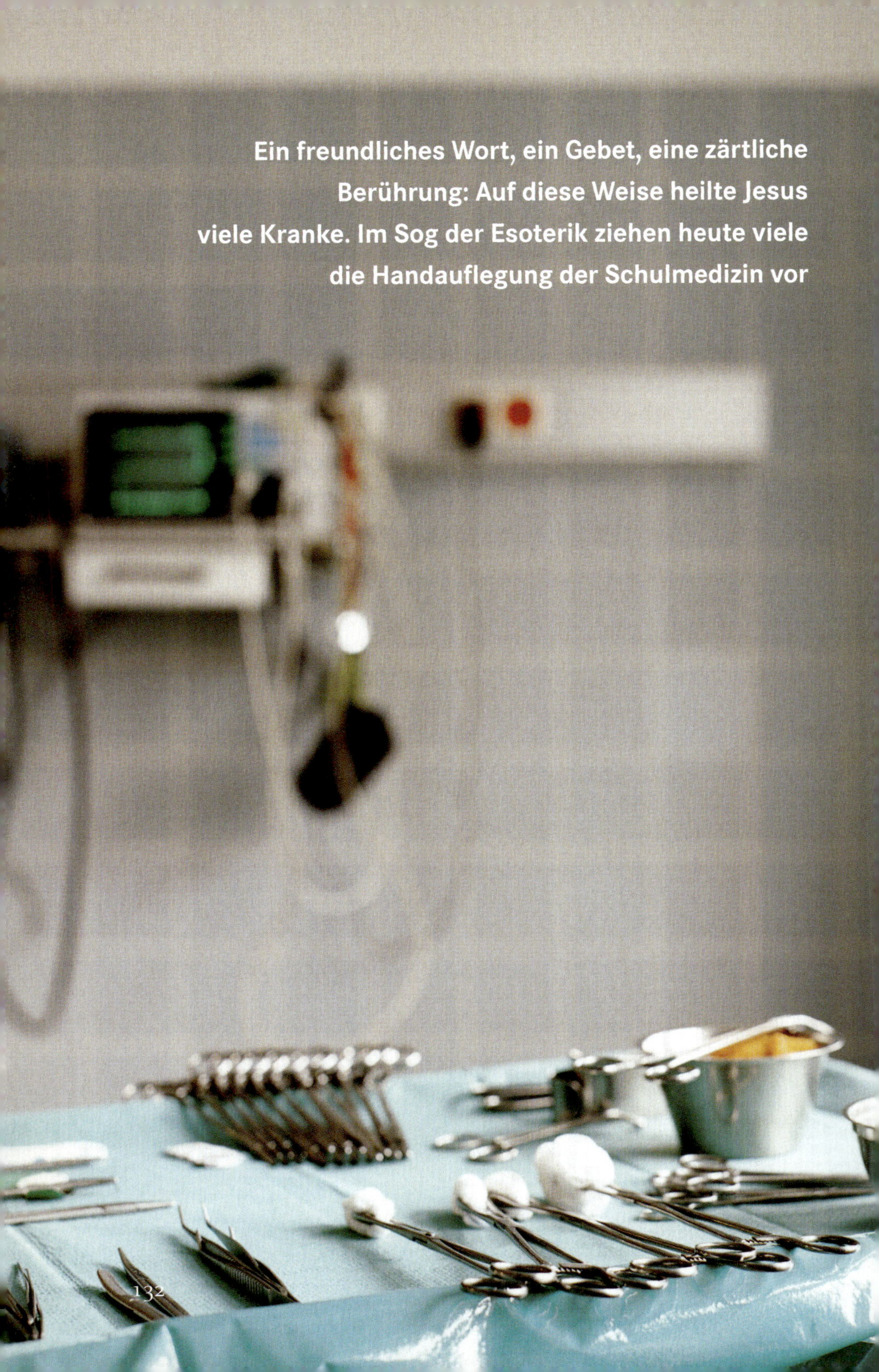

Heilung durch Handauflegen – für Christen akzeptabel?

Die Behandlungen verlaufen unterschiedlich, aber nicht selten auf diese Weise: Zunächst legt der Therapeut die Hände zehn Minuten auf die Stirn des Hilfesuchenden. Dann steuert er die Körperregionen an, die mit der Krankheit näher in Verbindung zu stehen scheinen: Bei Grippe oder Schwerhörigkeit legt er die Hände auf die Ohren, bei Nasenbluten, Kopfschmerzen oder Schlaganfall auf den Hinterkopf, bei Gallensteinen links unter die Brust, bei Tumoren, Leukämie oder Aids rechts unter die Brust. Wort- und lautlos, eine Stunde oder länger dauert diese Behandlung. Die Patienten verspüren in vielen Fällen ein intensives Wärmegefühl, für sie Ausweis der Tatsache, dass die zuvor blockierten Energien wieder fließen und damit die Heilung fortschreitet.

Handauflegungen gelten, anders als es das Wort vermuten lässt, als eine Form der Geistheilung. Im Westen am weitesten verbreitet sind sie in der Form des Reiki. Angeblich vermögen ihre Meister (von ihnen soll es weltweit etwa 350 geben), Energien, die das Universum durchströmen, durch Handauflegung an die Patienten weiterzugeben. Manfred Stöhr, Medizinprofessor in Augsburg und Autor des kritischen Fachbuchs „Ärzte – Heiler – Scharlatane“ (2002), gibt sich in dieser Frage erstaunlich pragmatisch: „Geistheilungen (...) sind als begleitende Heilmaßnahmen akzeptabel, sofern der Patient ergänzende spirituelle Heilmethoden wünscht und die persönliche Integrität des Geistheilers gegeben ist.“

Dass heute das Handauflegen in der Esoterik einen so großen

Stellenwert einnimmt, macht es für viele Menschen verdächtig. Immerhin gelten die Grundlagen des Verfahrens als weitgehend spekulativ. Ob die Förderung des „Energieflusses" wirkliche Heilung bringt, ist unsicher. Wissenschaftler bemängeln, dass es an seriösen Dokumentationen der Heilwirkungen fehle.

Vermutlich ist Reiki, jene berühmteste Berührungstherapie, heute im christlichen Westeuropa deshalb so populär, weil es von einem japanischen Mönch des 19. Jahrhunderts entwickelt wurde: Mikao Usui, einem Lehrer der christlichen Klosterschule in Kyoto. Er war ein Leben lang auf der Suche nach den Kräften, mit denen Jesus heilte.

Biblische Geschichten wie diese hatten ihn zutiefst berührt: Menschen brachten einen Blinden zu Jesus mit der Bitte, „dass er ihn anrühre". Jesus, zu dieser Zeit schon als Heiler berühmt, „nahm den Blinden bei der Hand und führte ihn hinaus vor das Dorf, tat Speichel auf seine Augen, legte seine Hände auf ihn und fragte ihn: ‚Siehst du etwas?'" Der Blinde blickte auf, musste aber zugeben, dass er die Menschen nur wie wandelnde Bäume erkannte. Daraufhin legte Jesus abermals die Hände auf seine Augen. Da endlich konnte der Blinde alles scharf erkennen (Markus 8, 22–25).

Zigfach, hundertfach heilte Jesus in Gottes Namen Menschen, indem er ihnen die Hände auflegte. Schon in der Anfangszeit seines öffentlichen Auftretens, in jener Zeit, als er in der Synagoge von Kafarnaum in Galiläa predigte, fiel er mit dieser Fähigkeit auf. Und das ging weiter so bis zu seiner Verhaftung, als er das im Handgemenge abgeschlagene Ohr eines Tempelpolizisten im Nu wieder anheilte.

Heilung durch Handauflegung: für Christen eine akzeptable Vorstellung? Jedenfalls bewegen sie sich theologisch und medizinisch nicht automatisch in Fantasiewelten, wenn sie an diese Möglichkeiten glauben. Medizinern ist bekannt, dass bei jeder Heilung der Placeboeffekt beteiligt ist, unabhängig von der Art der Therapie. Was der Therapeut sagt, wie er es sagt, welches Vertrauen er im Patienten zu wecken vermag, dies alles sind vielfach unterschätzte Mitursachen der Genesung.

Neben diesem medizinischen Aspekt gibt es auch einen sprachlichen, einen literarischen Hintergrund der biblischen Heilungsgeschichten. Sie haben ein erklärtes Ziel: Menschen zum Glauben zu führen, „dass Jesus der Christus ist, der Sohn Gottes". Einem pauschalen Heilungsglauben haben Christen deshalb nie angehangen. Schon die Bibel geht mit Heilungswundern äußerst skeptisch um, sei es, dass die Jünger über Jesu Wundertaten den Kopf schütteln, sei es, dass sie bei eigenen Heilungsversuchen kläglich versagen (Markus 9, 14–29).

Heilung durch Handauflegung? Sie ist für Christen akzeptabel, wenn sie sich weder als magisches Geschehen versteht noch als Ersatz für notwendige medizinische Betreuung, sondern als Unterstützung der Selbstheilungskräfte durch Zuwendung und Gebet. Ein gesundes Maß an christlicher Skepsis gehört aber allemal dazu, so wie sie Paulus zeigte: Er versagte sich selbst jedes Wunderwirken und kritisierte ironisch all die Jesusanhänger, die mit Empfehlungsschreiben über ihre eigenen Heilungstaten prahlten. Sein Kurzkommentar, ganz auf der Linie Jesu: Ihr seid stark, ich bin schwach. (1. Korinther 4, 10)

EDUARD KOPP

Advent

Anders als das Kalenderjahr beginnt das Kirchenjahr am 1. Sonntag im Advent. Mit ihm beginnen die Wochen vor Weihnachten, in dem sich die Christen auf die Ankunft (lateinisch: adventus) Jesu vorbereiten. Die Adventszeit ist ursprünglich eine Buß- und Fastenzeit. Dieser Aspekt wird in unserer kommerziellen und lauten „Vorweihnachtszeit" kaum mehr bedacht. Sogar die Lebkuchen waren ursprünglich mal eine Fastenspeise. Theologisch hat die Adventszeit einen doppelten Sinn. Zum einen die Vorbereitung auf Weihnachten, auf das Kommen des Jesuskindes. Zum anderen aber auch die Vorbereitung auf die endgültige Wiederkunft Christi am Ende aller Zeiten.

Weihnachten

Weihnachten ist das Fest der Geburt Jesu und gilt über die Kirchen hinaus als Familienfest. Im alten Rom wurde es bereits im Jahr 336/7 gefeiert. Ursprünglich als Gegenpol zu dem von Kaiser Aurelian 275 eingeführten heidnischen Sonnenfest gedacht, breitete es sich bereits im vierten Jahrhundert in der ganzen Christenheit aus. Es nimmt das Glaubensbekenntnis von Nizäa aus dem Jahr 325 auf: Christus ist der im Fleisch erschienene (inkarnierte), ewige Gottessohn. In der volkstümlichen Frömmigkeit sehen Menschen dieses Kommen Gottes am besten in der Geburt eines Kindes symbolisiert – daher das Symbol der Weihnachtskrippen –, andere eher im theologischen Modell der Erscheinung (eines präexistenten, also schon immer bestehenden) Gottes. Schon im sechsten Jahrhundert wurden Christmetten tief in der Nacht, zur angeblichen Geburtsstunde des Kindes, gefeiert. In der evangelischen Kirche beginnt das Weihnachtsfest nach alter Tradition mit der Vesper am Vorabend (Samstag), ein historischer Versuch, unordentlichen Sitten zu nächtlicher Stunde vorzubeugen. Heute sind Christmetten in beiden Großkirchen vielfach die bestbesuchten Gottesdienste des ganzen Jahres.

Epiphanias

Auf den 6. Januar fällt eines der ältesten Feste der Christenheit: Epiphanias, der Tag der Erscheinung des Herrn. An Epiphanias feierte man die Geburt Jesu, seinen Tauftag, das Weinwunder zu Kana (Johannes 2) und die Verklärung Jesu (Markus 9). Heute endet mit Epiphanias der Weihnachtsfestkreis. An dem Tag sollen Weise aus dem Morgenland Jesus angebetet haben (Matthäus 2), daher auch die Bezeichnung Heilige Drei Könige. In katholischen Gegenden ziehen so genannte Sternsinger durch die Straßen: Kinder verkleiden sich als Könige, singen vor Haustüren und schreiben daran mit Kreide die Jahreszahl und die Buchstaben C-M-B. Manche verstehen C-M-B als die Initialen der drei Könige Caspar, Melchior, Balthasar. Andere sehen darin den lateinischen Segen „Christus mansionem benedicat", zu Deutsch: Christus segne dieses Haus.

Passion

Mit dem Mittwoch (Aschermittwoch) vor dem „1. Sonntag in der Passionszeit" (katholisch: „1. Fastensonntag") beginnt die vierzigtägige Vorbereitungszeit auf Ostern. Bis ins zehnte Jahrhundert fand in der Passionszeit eine öffentliche Bußpraxis statt: In Anlehnung an die Vertreibung von Adam und Eva aus dem Paradies wurden Sünder aus der Kirche vertrieben. Sie legten ein Büßergewand an und ließen ihren Kopf mit Asche bestreuen. In katholischen Kirchen lassen sich die Gläubigen am Aschermittwoch noch heute vom Geistlichen ein Aschenkreuz auf die Stirn zeichnen: als Zeichen ihrer Bußfertigkeit. Die Asche wird traditionell aus den verbrannten Palmzweigen des Palmsonntags vom Vorjahr gewonnen. Dazu spricht der Geistliche die traditionellen Worte: „Gedenke, Mensch, dass du Staub bist." Aber auch die biblische Formel „Bekehrt euch und glaubt an das Evangelium" ist üblich. In lutherischen Gemeinden gibt es keinen solchen Ritus am Aschermittwoch, wohl aber hier und dort (Buß-)Gottesdienste.

Ostern

So früh aufstehen an einem Sonntagmorgen? Noch dazu, um in die Kirche zu gehen? Für viele Menschen kein Problem. Denn trotz ihrer frühen Anfangszeiten erfreuen sich die Gottesdienste zur Osternacht seit Jahren in Deutschland wachsender Beliebtheit. Sie finden am frühen Morgen des Ostersonntags statt, meistens um 6 Uhr morgens, in manchen Gemeinden sogar schon um 5 Uhr. Auf jeden Fall ist es noch dunkel, wenn die Gemeinde in die Kirche kommt und die Kirche selbst ist auch dunkel. Besonders feierlich ist der Beginn. Pfarrer oder Pfarrerin tragen eine einzige Kerze in die Kirche und singen drei Mal: „Christus ist das Licht." Damit berufen sie sich auf eine uralte Tradition der Christenheit. Schon in der Antike versammelten sich die Christen frühmorgens, um der Auferstehung Christi zu gedenken. Denn nach dem biblischen Zeugnis kamen die Frauen zum Grab, „sehr früh, als die Sonne aufging" (Markus 16, 2). Der Osternachtgottesdienst ist ein beliebter Termin, um Taufen zu feiern. Viele Gemeinden bieten nach dem Gottesdienst ein Osterfrühstück an.

Himmelfahrt

Für die meisten in Deutschland heißt der Donnerstag 40 Tage nach Ostern „Vatertag". Ein arbeitsfreier Tag, an dem bei hoffentlich schönem Frühsommerwetter die Herren der Schöpfung in Gruppen die Umgebung erkunden – mit Bier im Gepäck. In emanzipierten Kreisen dürfen auch die Frauen mit. Vielen ist nicht mehr im Gedächtnis, dass es sich um den kirchlichen Feiertag Christi Himmelfahrt handelt. In der frühen Christenheit wurde die Aufnahme des auferstandenen Jesus Christus in den Himmel eng mit der Osterfeier verbunden. Seit dem 4. Jahrhundert wird Christi Himmelfahrt als eigenständiges Fest begangen, und zwar vierzig Tage nach Ostern. Damit folgte die Alte Kirche der Chronologie des Evangelisten Lukas. Der erzählt die Himmelfahrt sogar zweimal, einmal kurz im Evangelium (24, 50–53) und dann ausführlicher zu Beginn seiner Apostelgeschichte (1, 1–11).

Pfingsten

Pfingsten ist das große kirchliche Fest des Heiligen Geistes. Unter dem Geist versteht die Bibel ganz allgemein die göttliche Lebenskraft, die Mensch und Tier gegeben ist. Bereits am Anfang der Bibel ist die Rede davon, dass der Geist Gottes über dem Wasser schwebt, er ist der Lebensspender. In der Bibel gibt es viele Berichte darüber, wie der Geist Gottes über Menschen kommt und ihnen Kraft gibt und sie zu besonderen Taten befähigt. Bei der Taufe Jesu im Jordan senkt sich der Geist Gottes wie eine Taube vom Himmel herab. Im zweiten Kapitel der Apostelgeschichte, einem Buch des Neuen Testaments, ist das Kommen des Geistes vor allem mit dem Pfingstfest verknüpft: Feuerzungen verteilen sich auf die Menschen. Die vom Geist erfüllten Menschen können danach in verschiedenen Sprachen reden und sind dennoch für alle anderen verständlich. Seit Pfingsten ist die Sprachverwirrung überholt, die die Menschheit seit dem Turmbau zu Babel spaltete. Das kirchliche Pfingstfest ist also ein Fest der Versöhnung und der Annäherung von Menschen und von Völkern. Sein Akzent liegt eher auf dem Gesichtspunkt der Einheit als dem des freien Individualismus.

Trinitatis

Am Sonntag nach dem Pfingstfest wird der Dreieinigkeit Gottes gedacht (lateinisch: trinitas). Um die Trinitätslehre, die sich streng genommen nicht in den biblischen Schriften findet, wurde in der Alten Kirche lange gerungen. Der Streit wurde endgültig erst durch den römischen Kaiser Theodosius auf dem Konzil von Konstantinopel im Jahre 380 beigelegt. Dass Gott im christlichen Glauben als Vater, Sohn und Heiliger Geist gedacht wird, ist eines der wichtigsten Strukturmerkmale des Christentums, und zeigt sich besonders in Segens- und Gebetsformeln. Die Lehre von der Trinität ist ein Merkmal der Abgrenzung zu anderen Religionen wie zum Beispiel dem Judentum und dem Islam, die die Trinitätslehre entschieden ablehnen.

Erntedank

Das Erntedankfest ist ein kirchliches Fest, das in engem Kontakt zur Volkskultur steht. In Deutschland wird es am Sonntag nach dem Michaelistag (29. September) begangen. Es steht kein direktes biblisches Ereignis im Hintergrund, aber ihm kommt auch heute noch ein hoher Stellenwert im Leben der Gemeinden zu. Gerade in ländlichen Gegenden gehört es zu den hohen Festen, bei denen Altäre prächtig mit Erntegaben geschmückt werden. Manche Landgemeinden, die für ihren schönen Erntedankschmuck berühmt sind, begrüßen an diesem Tag Gäste, die weit angereist sind. Häufig werden die Gottesdienste am Erntedanktag als Familiengottesdienste gefeiert.

Reformationstag

31. Oktober 1517 – die Szene ist berühmt: Martin Luther, Augustinermönch und Professor zu Wittenberg, schlägt an das Tor der dortigen Schlosskirche seine berühmten 95 Thesen und sagt der Papstkirche den Kampf an. In Wahrheit geschah wohl alles eine Nummer kleiner: Luther heftete seine Thesen bloß ans schwarze Brett der Universität. Er hatte zunächst nur eine akademische Disputation unter Kollegen im Sinn. Aber der frisch erfundene Buchdruck sorgte dafür, dass sich Luthers Thesen und besonders seine ersten Schriften wie zum Beispiel „Von der Freiheit eines Christenmenschen“ in Windeseile verbreiteten. Und schon drei Jahre später wetterte Papst Julius in seiner Bannbulle: „Hilf, Herr, ein Wildschwein verwüstet meinen Weinberg!“ Als Luther dieses Schreiben dann öffentlich verbrannte, war der Konflikt nicht mehr

zu stoppen. In der Tradition der protestantischen Kirchen wurde der 31. Oktober zum Reformationstag.

Buß- und Bettag

Als der Mittwoch nach dem Volkstrauertag Mitte November noch gesetzlicher Feiertag war, nutzten ihn viele zum Backen von Adventsplätzchen. Das müssen die meisten Deutschen nun verschieben, denn 1995 wurde der Buß- und Bettag als gesetzlicher Feiertag abgeschafft. Der Grund: Er sollte als zusätzlicher Arbeitstag den Arbeitgeberanteil an der ersten Stufe der Pflegeversicherung finanzieren. Der Protest der Kirchen wurde nicht erhört. Ein Volksbegehren zur Wiedereinführung des Buß- und Bettages in Schleswig-Holstein scheitere 1997 knapp. Einzig das Bundesland Sachsen ging einen Sonderweg und behielt den Feiertag bei. Im Oktober 1999 wurde dieser Sonderweg in einem Grundsatzurteil des Bundessozialgerichts bestätigt. Der Buß- und Bettag wurde 1934 in Deutschland als gesetzlicher Feiertag eingeführt. Er blieb es genau 61 Jahre lang. Übrigens: Ob arbeitsfrei oder nicht, fast alle evangelischen Gemeinden bieten natürlich trotzdem an diesem Tag einen Gottesdienst an.

EDUARD KOPP
Jahrgang 1953, ist Diplomtheologe. Er studierte Politik und Theologie, kam über die freie Mitarbeit beim Südwestfunk zum „Deutschen Allgemeinen Sonntagsblatt". In der chrismon-Redaktion ist er Mitglied des Editors Desk und unter anderem verantwortlich für „Religion für Einsteiger". Besondere Hobbys: mittelalterliche Geschichte, Krimis und Essays schreiben, malen.

REINHARD MAWICK
Jahrgang 1966, ist evangelischer Pastor. Er studierte Theologie in Hamburg und Heidelberg und stieß während seines Praktikums im Vikariat zum „Deutschen Allgemeinen Sonntagsblatt". Als chrismon-Redakteur kümmert sich Reinhard Mawick besonders um die Themen Religion, Kirche und E-Musik. Neben seiner Tätigkeit als Redakteur ist er als Pastor im Ehrenamt in der Hamburger Kirchengemeinde St. Johannis, Harvestehude tätig.

AXEL REIMANN
Jahrgang 1970, ist Diplomvolkswirt und kam nach seiner Ausbildung an der Henri-Nannen-Journalistenschule 1999 als Wirtschaftsredakteur zum „Deutschen Allgemeinen Sonntagsblatt". Später wurde er Mitglied des Editors Desk von chrismon.

BURKHARD WEITZ
Jahrgang 1965, studierte Theologie und Religionswissenschaften in Deutschland, den Niederlanden und den USA. Er ist evangelischer Pastor. Nach seinem Vikariat war er freier Mitarbeiter beim Hansischen Druck- und Verlagshaus, anschließend Volontär beim „Deutschen Allgemeinen Sonntagsblatt". Als chrismon-Redakteur interessiert sich Burkhard Weitz vor allem für die Bedeutung von Religion im Alltag, für USA-Themen und den Nahen Osten.

chrismon**buch** **TIPP**

Arnd Brummer

Der Fluch des Taxifahrers

Notizen aus dem Leben

42 Kolumnen, Betrachtungen und Kurzessays aus der Feder des chrismon-Chefredakteurs. Mit einem Vorwort von Klaas Huizing

---

Arnd Brummer ist ein Großmeister der Situation, genauer: ein Zeremonienmeister, denn was diese kurzen Texte durchzieht, ihr gut gelaunter Grundton, ist die fröhliche Feier des Lebens. Texte im Stil der Weisheit der vorletzten Dinge. Angenehm geerdet und doch mit Niveau.
(Aus dem Vorwort von Klaas Huizing)

Hansisches Druck- und Verlagshaus GmbH, Hamburg 2003
Gebunden, Fadenheftung, Leseband
165 Seiten, Format 15,0 x 21,5 cm

EUR 10,00 / sFR 18,00
Versandkosten innerhalb Deutschlands im Preis enthalten, Auslandsversand auf Anfrage.

Bestell-Hotline: 0800 / 247 47 66